UNA VEZ FUI TÚ

EDICIÓN PARA JÓVENES

UNA VEZ FUI TÚ

EDICIÓN PARA JÓVENES

MARÍA HINOJOSA

Traducción de Wendolín Perla

Simon & Schuster Books for Young Readers
NUEVA YORK • LONDRES • TORONTO • SÍDNEY • NUEVA DELHI

SIMON & SCHUSTER BOOKS FOR YOUNG READERS • Un sello editorial de Simon & Schuster Children's Publishing Division • 1230 Avenida de las Américas, Nueva York, NY 10020 • Este es un libro de memorias. Es el reflejo de los recuerdos que hoy tiene la autora sobre sus experiencias a lo largo de varios años. • © 2020, The Hinojosa Corporation • Edición para jóvenes © 2022, Simon & Schuster, Inc. • Traducción © 2023, Simon & Schuster, Inc. • Traducción de Wendolín Perla • Ilustración de la portada © 2022, Paola Escobar • Originalmente publicado en inglés con el título *Once I Was You — Adapted for Young Readers* • Esta edición para jóvenes es una adaptación de *Once I Was You* de Maria Hinojosa, publicado por Atria Books en 2020. • Diseño de la portada de Laura Eckes © 2022, Simon & Schuster, Inc. • Todos los derechos reservados, incluido el derecho de reproducción total o parcial en cualquier formato. • SIMON & SCHUSTER BOOKS FOR YOUNG READERS es una marca registrada de Simon & Schuster, Inc. • Para obtener información sobre descuentos especiales para compras al por mayor, por favor póngase en contacto con Simon & Schuster Special Sales: 1-866-506-1949 o business@simonandschuster.com. • El Simon & Schuster Speakers Bureau puede llevar autores a su evento en vivo. Para obtener más información o para reservar a un autor, póngase en contacto con Simon & Schuster Speakers Bureau: 1-866-248-3049 o visite nuestra página web: www.simonspeakers.com. • Diseño del interior del libro: Hilary Zarycky • El texto de este libro usa la fuente Adobe Garamond. • Fabricado en los Estados Unidos de América 1222 OFF • Primera edición en español de Simon & Schuster Books for Young Readers, enero de 2023 • 2 4 6 8 10 9 7 5 3 1 • Library of Congress Cataloging-in-Publication Data • Names: Hinojosa, Maria, author. | Perla, Wendolín, translator. Title: Una vez fui tú / Maria Hinojosa ; [traducción de Wendolín Perla]. Other titles: Once I was you. Spanish • Description: Edición para jóvenes. | Nueva York : Simon & Schuster Books for Young Readers, 2023. | "Originalmente publicado en inglés con el título Once I Was You" | Audience: Ages 8-12. | Audience: Grades 4-6. | Identifiers: LCCN 2022047325 (print) | LCCN 2022047326 (ebook) | ISBN 9781665920889 (tapa dura) | ISBN 9781665920872 (rústica) | ISBN 9781665920896 (edición electrónica) • Subjects: LCSH: Hinojosa, Maria—Juvenile literature. | Radio journalists—United States—Biography—Juvenile literature. | Television journalists—United States—Biography—Juvenile literature. | Hispanic American journalists—Biography—Juvenile literature. | Hispanic American women—Biography—Juvenile literature. | LCGFT: Autobiographies. • Classification: LCC PN4874.H495 A3 2023 (print) | LCC PN4874.H495 (ebook) | DDC 070.92 [B]—dc23/eng/20231004

Para mi hija, la única, Yurema.
Tú y solo tú eres mi sol con esa sonrisa de amor.

Para todos los y las jóvenes quienes,
como yo, no nacieron en este país y aquí se quedan.

Y para mi madre, Berta.

Índice

Introducción

En febrero de 2019 conocí a una preciosa niña de Guatemala en el aeropuerto de McAllen, Texas, situado cerca de la frontera entre México y Estados Unidos. Los agentes de inmigración la habían separado de su tío para ingresarla en una jaula de detención. Ahora estaban por trasladarla a otro lado en avión. Estaba aterrorizada, su suerte en manos de un puñado de extraños. Ella y yo conectamos, aunque haya sido solo por un instante.

La niña estaba en *shock*, ida, mientras esperaba en el aeropuerto junto con otros niños cuyas edades iban de los cinco a los quince años. Todos estaban callados, abatidos, replegados y sumamente tristes. Eso es lo que más llamó mi atención: lo tristes que estaban todos.

Le sonreí y le pregunté que cómo estaba. Pero uno de los encargados, en mi opinión uno de los traficantes, me dijo que no podía hablar con ella. Quizá la niña me recuerde porque me enfrenté al hombre que estaba a cargo del grupo. Le dije que era periodista y que tenía el derecho a hablarles a los niños. Me dijo que no y le respondí: levanté la voz en medio del aeropuerto y le dije al hombre que esos niños eran amados y queridos en este país y que merecían tener voz propia.

Esa niña es una de las razones por las que decidí escribir este libro.

Yo no nací en este país, pero tuve el privilegio de convertirme en ciudadana estadounidense por elección más adelante en la vida, a mis casi treinta años. A la vez que amo este país porque representa un hogar para mí, también tomé la decisión de convertirme en ciudadana por miedo de que un día los agentes de migración decidieran rechazarme en la frontera o en algún aeropuerto al presentar mi *green card*. Es extraño usar las palabras "amor" y "miedo" al referirte a un país, pero siento ambas cosas por mi tierra de acogida. Es el lugar donde abracé por completo mi identidad latina y donde aprendí a hacer preguntas duras como periodista. La razón por la que sigo aquí es porque quiero hacer de este país un lugar mejor, y una de las formas en que puedo hacerlo es a través de mi ejercicio periodístico. Los periodistas son las personas que nos mantienen informados sobre lo que ocurre en el país y en el resto del mundo. Aprendí esa lección de chiquita, mirando las noticias en el televisor.

Imagina que tienes un televisor del tamaño de una lavadora en medio de tu sala. Sé que hay gente que tiene televisores ENORMES ahora, pero son planos. No, los televisores de los que hablo son de la década de los sesenta: eran enormes y toscas cajas de madera con bocinas y botones integrados. Las imágenes que mostraban eran a blanco y negro.

Mi familia tuvo la suerte de poder comprar uno usado. Ver las noticias en aquel televisor fue mi primera interacción con el periodismo estadounidense. Los presentadores de noticias eran siempre hombres blancos en trajes elegantes, hombres blancos que hablaban inglés sin acento, sin un solo pelo fuera de lugar, que daban la impresión de no tener sentimientos. Esas eran las personas que tenían el poder para decirnos qué estaba ocurriendo y qué importaba en el mundo.

Miraba las noticias por televisión todas las noches. Para cuando cumplí nueve años, ya habíamos comprado un televisor a color para la cocina, que alcanzábamos a ver mientras cenábamos. A nuestra familia en México le horrorizaba saber que nos habíamos convertido en ese tipo de personas: ¡gringos con la tele en el mismo lugar donde comían! Pero el mundo era demasiado dramático como para no verla. La guerra de Vietnam. Protestas a lo largo y ancho de Estados Unidos. Refugiados que luchaban por sobrevivir en su nuevo hogar. El amor y el odio jugando en las calles.

Todos en mi familia éramos inmigrantes mexicanos en este país, recién llegados de México; llenos de sueños debido al trabajo de mi padre como científico. Nuestras historias y las de aquellos que se veían como nosotros jamás se transmitían en los principales medios. Eso me hizo sentir invisible. Me buscaba por todas partes en las historias que contaban los medios: en la revista *Time*, en *60 Minutes*, en el *Chicago Sun-Times*. Nada.

Buscaba en tiendas que vendían productos personalizados con nombres propios. Buscaba calcomanías, libretas, pines… no había nada que por escrito diera fe de mi existencia. Los anaqueles parecían contar con todos los nombres imaginables, excepto uno: el mío. María.

Esa sensación de invisibilidad me seguía adondequiera que fuera en este país, los Estados Unidos de América. Los lugares donde llegué a ver y a escuchar a gente que se parecía a mí y que hablaba como yo eran barrios que parecían abandonados, desiertos; sin nadie que recogiera la basura, sin lugares donde los niños pudieran jugar, con ventanas rotas por todas partes. Y aun así, esos lugares desbordaban vida, color y el idioma del amor.

¡Buenos días, señora!
¡Qué lindo día!
¡Que le vaya bonito!
¡Qué bello, mi amor!
¡Mi querida, mi sol, mi vida!

En ese momento aún no lo sabía, pero quería contar las historias de la gente que veía y conocía en el barrio. Al principio no sabía cómo porque no me sentía lo suficientemente lista como para ser una de esas personas que daban las noticias en la televisión: en apariencia sin sentimientos, sin un solo pelo fuera de lugar. Yo era la antítesis de todo aquello; era una mujer y era latina. Y tenía mucho cabello.

Me obsesioné con la invisibilidad que sentía; quería entenderla y luchar contra ella. La ausencia de latinos y latinas en los medios de comunicación me marcó de por vida y me empeciné en cambiar la realidad que a mí me había tocado enfrentar. Habrá muchas experiencias importantes como esta en tu vida. Espero que este libro te ayude a reconocer esas semillas que la vida va plantando en ti y que germinarán a medida que vayas creciendo.

En mi caso, esas semillas de invisibilidad brotaron y me inspiraron a convertirme en una periodista de radio y televisión en NPR, CNN, PBS y muchas otras compañías mediáticas. A lo largo del camino, mucha gente me dijo que era demasiado cercana a las historias que quería contar como para contarlas con objetividad. Eres muy *mexicana*. Muy *inmigrante*. Muy *feminista*. Muy *de izquierda*. Muy *desagradecida* y quizás incluso muy *antipatriota*. Luego de trabajar para muchas empresas y demostrar lo que era capaz de lograr una y otra vez, decidí independizarme.

Tomé un riesgo enorme y en 2011 dejé la vida corporativa para crear mi propia empresa, Futuro Media. Me convertí en la primera latina en fundar una redacción nacional e independiente sin fines de lucro. Me apropié del micrófono y de la cámara. Ya no sería una reportera más dando las noticias: ahora sería la jefa y yo daría las órdenes.

En 2016, como periodista con treinta años de experiencia, un día aparecí en las noticias por cable para hablar sobre inmigración. El otro invitado al programa, quien estaba a favor de las políticas del entonces presidente Donald Trump, se atrevió a referirse a los inmigrantes, seres humanos como él, como "ilegales".

En ese momento, fui de todo menos invisible. Estábamos en horario estelar de la televisión por cable. Millones de hogares tenían el televisor encendido sintonizando ese programa. En vivo, solté: "No existen los seres humanos ilegales. ¡'Ilegal' no es un sustantivo! Jamás uses ese término para referirte a un ser humano. Fue lo primero que los nazis hicieron con los judíos: etiquetarlos como 'seres ilegales'".

De hecho, fue así como comenzó el Holocausto, pero no tuve oportunidad de decir eso al aire. La franja de sonido en televisión es de noventa segundos y tuve que rematar rápido. Pero si hubiera tenido más tiempo, habría contado lo que Elie Wiesel, sobreviviente del Holocausto y ganador del Premio Nobel de Literatura, me contó alguna vez: si te refieres a un pueblo entero como si fuera ilegal, en vez de usar el término únicamente para referirte a los crímenes que cometen los individuos, estás despojando a una comunidad entera de su humanidad. Las leyes existen para impedir que la gente incurra en actos ilegales o dañinos para la sociedad, pero los miembros de una comunidad entera no pueden denominarse ilegales por la religión que profesan o el lugar en que nacen. Referirte a una persona como ilegal es el equivalente a decir que no tiene el derecho a existir, y esa es una idea muy peligrosa.

A las pocas horas de mi aparición en televisión, el clip de video se había compartido miles de veces en redes sociales. Lo que hizo que el video se hiciera viral (además de las palabras en sí) fue el hecho de que yo estuviera corrigiendo a un hombre en televisión. Dicho de otro modo, regañarlo con el dedo en alto fue como si le diera un doble gancho al hígado y de paso un recto al hombro (mi entrenamiento boxístico me delata) porque, ¡¿cómo se atreve?!

Hay un dicho: No hay mal que por bien no venga. Okay, es una forma burda de decir que cuando algo malo ocurre, siempre hay forma de verle el lado bueno. Toda la incomodidad que sentí mientras crecía plantó en mí la semilla que me llevó a donde estoy ahora. Ser periodista es un trabajo, claro, pero para mí también es una misión de vida: mi carrera está comprometida a rascar la comezón masiva de la invisibilidad. He luchado siempre por impedir que otros cuenten nuestra historia, otros que no nos entienden ni nos conocen, y me resisto a cederles el poder para controlar nuestra narrativa.

Los años de la administración Trump sumaron un horror muy específico a la experiencia latina e inmigrante. Este hombre comenzó su campaña por la presidencia descendiendo por una falsa escalera de oro diciendo que quería construir un muro porque México estaba enviando "criminales" a Estados Unidos. (Para ser claros: esto es mentira. Hay muchos más criminales nacidos aquí que entre los que inmigran a Estados Unidos).

Ya instalado en la Casa Blanca, cuando las familias venían a este país en busca de ayuda, el gobierno estadounidense les arrebató niños y bebés a esos padres. Fue solo gracias a la labor de varios periodistas y activistas, quienes filtraron grabaciones telefónicas donde se escuchaba el llanto de niños y bebés, que descubrimos que los encerraban en jaulas y les ofrecían "cobijas" hechas básicamente de papel aluminio.

Sin ambages: el espeluznante odio contra las personas inmigrantes, latinas, asiáticas, indígenas y negras no comenzó con Donald Trump. Las políticas antimigrantes con las que hemos vivido por tanto tiempo no fueron instauradas por su administración. Él lo empeoró todo, pero el problema había echado raíces mucho antes de que él apareciera en escena.

Si queremos expiar nuestros pecados y sanar estas heridas colectivas, nuestro adorado país debe aceptar la forma en que fue fundado. Los hombres y mujeres que llegaron aquí por primera vez provenientes de Europa eran conquistadores y fundadores tanto como también eran gente en busca de un sueño de libertad. Fundaron este país a base de armas y fuerza, y se valieron de la idea de raza para aferrarse a ambas. Así como este país se fundó a partir del odio contra los negros y los indígenas, se ha mantenido fomentando el odio contra los inmigrantes y los refugiados.

El país que se precia de querer a los inmigrantes y refugiados, y que adora a una mujer particularmente imponente llamada Estatua de la Libertad, ha socavado su propio lema de aceptar a "las multitudes que llegan apiñadas" a la costa cada siglo de su existencia al promover el odio entre sus ciudadanos contra aquellos cuya única verdadera diferencia es que no nacieron en esta tierra.

No quiero que nadie se sienta invisible en este país porque… ¡adivina qué! Nos pertenece a todos. ¡Hemos estado aquí desde el principio! ¿Sabías que los primeros en llegar a esta tierra hablaban español y llegaron a Florida del Sur el día de San Agustín? ¡Eso fue antes de que los peregrinos llegaran a Plymouth Rock!

Este, nuestro país, nos ha usado y ha abusado de nosotros desde el principio. Es una lección dura de digerir, pero reconocer la verdad es el primer paso hacia un cambio positivo.

Necesitamos aprender lo que verdaderamente ocurrió aquí y las partes de la historia que los libros oficiales han dejado fuera, no sólo aquellos acontecimientos que hacen que Estados Unidos luzca bien desde la perspectiva de ya-sabes-quién.

La poeta Emma Lazarus escribió el soneto inscrito en la placa de la Estatua de la Libertad: "Dadme a vuestros rendidos, a vuestros desdichados, / a vuestras hacinadas muchedumbres que anhelan respirar en libertad. / Enviadme a éstos, los desamparados, los que por la tempestad son azotados". Esas palabras cifran la intención de esta nación: amar y darles la bienvenida a todos aquellos provenientes de tierras lejanas. En el pasado, Estados Unidos ha sido el país que, a lo largo de la historia y en distintas ocasiones, ha dado la bienvenida a refugiados provenientes de Vietnam, Etiopía, Cuba, Ucrania, Burma, Argentina y muchos otros países, y en todas estas instancias eran los ciudadanos de a pie quienes les abrían la puerta de su casa para ayudarlos a establecerse en lugares como Texas, Ohio, Nebraska y Arizona. Y podemos volver a ser ese país en el futuro si juntos hacemos todo por lograrlo.

En este libro te cuento cómo comenzó todo para mí... y cuál es el estado actual de las cosas. Te contaré la historia de cómo llegué a Estados Unidos, cómo fue crecer como una niña mexicana en el sur de Chicago y las experiencias que me motivaron para convertirme en periodista. Fue ese el trabajo que en algún punto me condujo a McAllen, Texas, para cubrir la situación migratoria en la frontera, donde conocí a aquella niñita en el aeropuerto.

No sé dónde estará ahora, pero espero que algún día lea estas palabras. Siempre he querido que sepa que la escuché y que la vi y que nunca la olvidé. Este país se construyó para gente como ella. Espero que sea feliz aquí y que este país termine siendo verdaderamente suyo.

Le dije que quería escucharla. Le dije: *Te veo porque una vez fui tú.*

CAPÍTULO I

Érase una vez en México

~~~◦~~~

Nací en la Ciudad de México durante la temporada de lluvias en el verano de 1961, cuando aún no era una de las ciudades más grandes del mundo, como lo es ahora. En aquel entonces, las palmeras crecían en medio del centro histórico y mi hermana y mis hermanos jugaban a las escondidillas en la calle.

La mayoría de los días podías asomarte a las ventanas de nuestra casa y ver los picos nevados de los volcanes Popocatépetl e Iztaccíhuatl. Por supuesto, yo no me daba cuenta de estas cosas cuando era bebé, pero con el tiempo aprendí todo cuanto mis hermanos sabían sobre la Ciudad de México. Deletreaba en voz alta los nombres de los volcanes para aprender a pronunciar sus nombres correctamente: PO-PO-CA-TÉ-PE-TL e IZ-TA-CCÍ-HUA-TL. Crecí escuchando y hablando español como mi lengua nativa. Aunque, de hecho, estos nombres no son españoles: son náhuatl, la lengua de los nahuas, descendientes de los aztecas. La historia dice que Popocatépetl e Iztaccíhuatl estaban enamorados: en cualquier otro lugar sólo son dos volcanes, pero en México se convirtieron en amantes caídos en desgracia.

Los olores y los sabores de México eran intensos e inolvidables. Jamás olvidaré el olor del mango maduro en la mañana para el desayuno, el limón agrio exprimido sobre la papaya, el intenso aroma del cilantro y el ajo y el arroz mexicano sazonado con jitomate y achiote que le confiere ese toque rojizo (el ingrediente secreto que usan todas las madres mexicanas en la cocina).

Ir al mercado con mi mamá era siempre una experiencia abrumadoramente sensorial. Aquellos mercados techados al aire libre tenían un aroma distintivo en cada sección. Mi nariz enloquecía a medida que caminábamos por la esquina donde vendían carne de cerdo y chicharrón. El hombre que atendía freía la piel del cerdo ahí, frente a ti, en una cazuela rebosante de aceite hirviendo. Si caminabas otros cien pasos hacia adelante, de pronto te hallabas en el pasillo de las flores frescas, y ahí, de pronto, te invadía el aroma de las rosas y las lilas.

Una vuelta más y en el pasillo siguiente te invadía el aroma del orégano y el comino en los puestos donde vendían especias. La sección de las frutas tenía más color que aroma: las fresas rojo rubí apiladas en pirámides perfectas; los mangos, que imitaban el color de una puesta de sol con tonalidades rosa, naranja y amarillo dorado, estaban maduros y listos para comerse. Cada vez que me comía uno, los pelos del mango se atoraban en mis dientes; los amaba tanto como los odiaba.

Ese primer año en México, no obstante, era todavía una

bebé en los brazos de mi madre. Vivía pegada a ella como chicle. Iba con ella adondequiera que fuera. Mientras tanto, a mi hermana de siete años, Bertha Elena, la seguían siempre mis hermanos Raúl, de cinco años, y Jorge, de dos años, quienes gozaban de más libertad desde que había nacido yo. Nuestro barrio era la colonia Narvarte. Ser un niño ahí significaba ser libre. Los niños estaban siempre en la calle saltando a la cuerda o jugando rayuela. De lo contrario, estaban todos juntos en el parque, siempre enormes y siempre verdes, porque en la Ciudad de México nunca hace tanto frío.

Había familia para dar y regalar… pero es que no había televisión. No había iPhones ni iPads. En realidad, tampoco había radio, a excepción de las estaciones donde sintonizaban música mexiana o radionovelas. No había juguetes de plástico. No había *Plaza Sésamo*. E incluso así todo el mundo la pasaba genial. Mis hermanos inventaban todo porque no tenían de otra: montaban obras de teatro completas e inventaban juegos nuevos en el parque y en las calles llenas de palmeras de la colonia Narvarte. No había nada que temer. Si te caías de un columpio era probable que te hicieras algunos rasguños, pero mientras nadie se echara a llorar todo estaba bien. Estabas a salvo, tenías amor y comida. Y el inglés no se escuchaba por ningún lado.

En ocasiones, mi hermana y mis hermanos jugaban en las recámaras de la planta alta de mi casa. En el mercado donde mi mamá hacía la compra a diario (en aquel entonces la gente apenas usaba refrigeradores) había una sección infantil donde algunos puestos vendían miniaturas de papel maché de todo cuanto se podía comprar en el mercado. Tenían frutitas y verduritas pintadas en colores brillantes e incluso pequeñas réplicas de madera de las alacenas de cocina llenas de *bowls* y platitos estilo "vajilla típica del pueblo" con las que mi hermana y mis primas jugaban a cocinar.

Cuando aparecí en escena, mi mamá comenzó a depender mucho de mi hermana mayor. Por ser la mayor, Bertha Elena estaba a cargo y yo la idolatré durante toda mi infancia. Tenía un cabello negro azabache larguísimo, cejas pobladas y una afilada nariz azteca como la de la bella Iztaccíhuatl. Aunque yo fuera el chicle de mamá, a medida que crecía mi hermana se convirtió en mi modelo a seguir. Todo lo que hacía me parecía tan *cool* y tan moderno; ya usaba *outfits* perfectamente combinados. A las obras de teatro se presentaba con enagua, vestido blanco, zapatos blancos de charol y listones en el pelo, todo lo cual hacía que su piel luciera aún más achocolatada en contraste con su vestido almidonado.

Bertha Elena jugaba en casa con nosotros y se cercioraba de que mis hermanos no rompieran nada a su alrededor. A veces los vestía idénticos porque así se estilaba. De hecho, a veces Bertha, mi mamá y yo nos vestíamos también igual. (Así es: Bertha se llama así por mi mamá y mi hermano Raúl se llama Raúl como mi papá… demuéstrame que eres mexicano…).

Raúl era famoso por ser algo descontrolado: se caía de todas partes y se pegaba en la cabeza todo el tiempo. Al cumplir seis años ya tenía un par de contusiones cerebrales. Era tan parlanchín que una vez mi mamá lo golpeó en la cabeza con un plato de plástico y lo rompió. Esto es algo que hoy día no sería aceptable, pero en aquel entonces todo lo relacionado con el castigo corporal estaba bastante torcido.

Mi hermano Jorge, quien gozó de ser el bebé de la familia por dos años, hasta que yo nací, era ahora el tercero de cuatro hijos. A muchos niveles padeció el hecho de ser eclipsado por su extrovertido hermano mayor, pero algunos dirían que esta es ropa sucia, así que mejor ahí muere.

Dado que era mayor y se conducía mejor que el resto, mi hermana iba a la iglesia con mi abuela varias veces a la semana. En aquel entonces, las misas católicas se daban en latín. Bertha Elena (siempre la llamábamos por su nombre completo) se sentaba en la banca perfectamente tranquila, sin entender palabra, y observaba a los demás feligreses para saber cuándo debía ponerse de pie y cuándo debía arrodillarse. Esto ocurría por una hora completa. A veces observaba a mi abuela golpearse el pecho mientras decía *"mea culpa"* una y otra vez. Le daba miedo. Observar al Jesucristo crucificado también la asustaba. Las heridas en manos y pies producto de que allí lo hubiesen clavado a la cruz eran demasiado realistas —si has ido a la iglesia en Latinoamérica sabes de qué estoy hablando—. ¿Quién necesita una película de terror cuando puedes simplemente ir a la iglesia y ver a Jesucristo, a quien le escurre la sangre por todas partes? De la cabeza, por la corona de espinas, y de los pies de tamaño real, justo allí donde brotan los clavos con que lo crucificaron.

La iglesia siempre fue rara, pero a Bertha Elena le gustaba porque podía ponerse sus zapatos negros de piel y una mantilla, un velo hecho de encaje. Al terminar la misa, ella y mi abuela compraban comida de alguna de las mujeres apostadas al salir de la iglesia. Estas mujeres tenían el pelo en trenzas larguísimas y hablaban español con acento, puesto que en su mayoría eran nahuas o zapotecas. Vendían jícama recién picada con chile y limón o chicharrón recién tostado, delgadito, crujiente y calentito, que sacaban de sus enormes canastas de mimbre. Esto hacía que la ordalía valiera la pena.

Hay un dicho popular que dice que se necesita un pueblo para criar a un niño, pero nuestra familia era tan grande que en realidad éramos nuestro propio pueblo y nos hacíamos cargo los unos de los otros. Mi papá solía estar ocupado con tres trabajos distintos para sacarnos adelante y luchaba duro por su sueño de convertirse en un doctor investigador y hallar así la forma de ayudar a la gente con sordera para que volvieran a escuchar si ese era su deseo. La única forma en que mi mamá podía arreglárselas en casa para educar a cuatro hijos menores de siete años era con la ayuda de sus hermanas, cuñadas y primas, quienes siempre estaban con nosotros.

Vivíamos en una calle llamada Eugenia. La hermana mayor de mi mamá, Lila, vivía apenas a unas cuadras de distancia en la calle Pitágoras. Esa era otra de las palabras que tenía que practicar para pronunciar correctamente: PI-TÁ-GO-RAS.

Lila tenía cinco hijos. La otra hermana de mi mamá, Gloria, tenía siete. Su hermano Hermilo tenía cinco y su hermano Rafael tenía cuatro. Juntos, contándonos a mis hermanos y a mí, éramos veinticinco niños, y esa era básicamente la vida para nosotros. ¡Cuando nos juntábamos todos éramos un salón de clases!

Todos los lunes, miércoles y viernes, al salir de la escuela a las dos de la tarde, la familia extendida se reunía en alguna casa para la tradicional comida de mediodía. Se trata de la comida principal del día, que comienza a las tres de la tarde y en teoría termina como a las cinco. No obstante, a menudo se extiende hasta las siete o incluso las ocho de la noche en un ritual llamado la sobremesa, que incluye café, postre y a veces tequila. Para cuando termina la sobremesa, la gente ya está lista para cenar. En aquel entonces tenías más tiempo libre; no vivías para trabajar, sino que simplemente vivías y trabajabas lo necesario (a menos que fueras tan entregado como mi papá, quien amaba su trabajo y tenía una misión muy clara en la vida).

El anfitrión de la comida debía pagar por todo, preparar la comida y atender a todos los invitados. ¿Te imaginas ser responsable de alimentar a quince, veinte o incluso veinticinco personas? Es demasiado trabajo. Y esto en realidad quería decir que las mujeres se hacían cargo de todo y les servían a los hombres. Cuando pienso en que así eran y siguen siendo las cosas en México me doy cuenta de que esta dinámica es lo que más me molesta: que a los hombres siempre los atiendan las mujeres. Esta semilla, que plantaron muy pronto en mi cuerpo y mi alma, es algo que rechacé por completo desde el principio.

Sin embargo, las mujeres de mi familia no se quejaban y ayudaban en la cocina a quien estuviera haciendo las veces de anfitriona. Era ahí donde trabajaban y chismeaban y se reían y abrazaban a todos los niños. Una vez que los niños habían comido y el resto de la comida estaba lista, los adultos se sentaban a comer.

A pesar de que ya no vivía con mi abuela, mi abuelo se aparecía en todas y cada una de las comidas de mediodía. Su piel era de un color café oscuro, como el color de un cuero lisito marrón oscuro. Vestía de traje y corbata, usaba lentes de pasta e iba siempre cigarrillo en mano (hasta que lo obligué a dejar el vicio cuando me convertí en adolescente). Este era el único momento en que mis abuelos volvían a verse, una de esas cosas raras que ocurren en las familias mexicanas. Nunca nos dijeron qué había ocurrido entre ellos.

Abuelito siempre se sentaba en la cabecera. Mi hermana recuerda cómo repartía monedas entre todos los niños para que fueran a una tiendita que se llamaba La Miscelánea y compraran una Coca Cola y una Fanta para los adultos mientras comían. Era una forma de mantener a los niños fuera de la casa para que los adultos pudieran tener un rato en paz. Siempre había cambio para que cada niño pudiera comprarse algún dulce. Los favoritos en aquel tiempo eran el pirulín, una paleta de caramelo macizo de colores en forma de cono alargado; los chicles Chiclets, en especial los de color rosa y lavanda; y los Gansitos, que son pequeños pastelillos cubiertos de chocolate y rellenos de mermelada de fresa.

Lo más importante de la comida de mediodía no era la comida, sino pasar tiempo todos juntos. Dado que estas reuniones tenían horarios y lugares fijos cada semana, cualquiera podía aparecerse sin avisar.

Los viernes, la reunión era siempre en la casa de mi tío el Gordo —le decíamos así de cariño—. A mi tío le encantaba hacer bromas y era capaz de hacer cualquier cosa con tal de hacernos reír. A veces se le iba la mano con los tequilas y terminaba aventando los zapatos por la ventana del departamento sólo para hacernos reír. Durante la sobremesa, cuyo objetivo era el chisme y el cotorreo, el tío Gordo hacía bolitas con el migajón de los bollitos, un tipo de pan mexicano, y se las aventaba a mami y a mis tías (mi tía Gloria, mi tía Marta, mi tía Carmelita y, la mayor, mi tía Lucha) para ver si lograba clavarlas en su escote. Las mujeres se cubrían el pecho y seguían platicando como si nada. Acto seguido, el tío apuntaba a los vasos de Coca Cola. Las mujeres sostenían larguísimas conversaciones así, y al terminar la sobremesa todas tenían una mano en el pecho y otra mano en el vaso. Los niños reían y reían.

En ocasiones venía mi tío Benito. Él fue quien algunos años después me llevó a ver mi primera corrida de toros en el corazón de la Ciudad de México. Era divertido, tenía lentes anchos, cabello corto y rizado y, como sus lentes, sus labios también eran anchos. Su especialidad eran los chistes y los cuentos, bromas narradas o cantadas, chistes de color, chistes que involucraban imitaciones y acentos, y chistes sobre la familia. Solía traer consigo su guitarra e inventar canciones sobre la marcha inspiradas en cada miembro de la familia, con las que bajita la mano se burlaba a la vez que mostraba su cariño. Todos se burlaban de todos. Recuerda, en ese entonces no había internet. Las personas hablaban frente a frente y las críticas se hacían de frente. La gente de la Ciudad de México no se mide cuando de humor negro y mordaz se trata (a veces, incluso, el humor llega a ser denigrante), así que, si te llevabas con los demás, también tenías que aguantarte.

A veces, aparecía mi tía María Covadonga (amaba decir su nombre porque tenía tantas sílabas que parecía un haikú) y nos contaba historias sobre cómo la visitaban los espíritus. Todo el mundo sabía que era una médium que tenía contacto con el más allá. Aunque apenas estaba en su treintena, su cabello ya estaba completamente blanco. Todo el mundo contaba historias exageradas (algo tan mexicano), pero sus historias eran súper dramáticas. Recreaba anécdotas poniendo especial atención a la forma única en que alguien hablaba o caminaba. Cada vez que ella hablaba, las mujeres corrían al baño porque se orinaban encima de tanta risa. Estas fueron las primeras semillas de la pasión por contar historias que sembraron en mí.

Las hermanas de mi abuela que nunca se casaron, mi tía Carmelita y mi tía Licha, a menudo iban a las reuniones. Dado que ambas eran solteras, vivían y viajaban a todos lados juntas. Ambas tenían el cabello corto y rizado, y sus narices y labios eran anchos y redondos, muy distintos de los rasgos aztecas de mi mamá y mi hermana. Sus hermanos eran parecidos, solo que estos eran calvos. Mirándolos, tenía sentido pensar que de alguna manera corría sangre africana por las venas de mi familia mexicana.

Cuando vivíamos en México, mis hermanos y yo veíamos a toda la familia tres veces por semana. Estábamos rodeados de apoyo y cariño por parte de mucha gente con quien además compartíamos lazos de sangre: abuelos, tíos y primos. ¿Cómo era posible que mi mamá y mi papá decidieran dejar todo aquello atrás?

Mi mamá, como mi abuela, es lo que en México llaman

una pata de perro: es decir que le gusta salir y enfrentarse al mundo, tal como los perros callejeros en la Ciudad de México. Mi mamá aprendió desde muy niña con el ejemplo de su madre que debía salir y explorar, comoquiera que fuese. Nunca temía ir a ningún lado ni hablarle a nadie.

En 1961, la Universidad de Chicago buscó a mi papá. Admiraban su investigación y querían su cerebro; su misión y su pasión le granjearon una oferta laboral. Papá odiaba la idea de dejar México. Como la mayoría de los inmigrantes, no tenía la intención de darle la espalda a su patria, aunque estaba cansado de tener tres trabajos. Fue mi mamá quien lo convenció de aceptar la oferta.

La Universidad de Chicago le ofrecía la oportunidad de hacer su sueño realidad. Mi papá pensó que podía lograr que se cristalizara lo que la mayoría de la gente consideraba imposible: que los sordos que así lo quisieran pudieran oír otra vez. No había sido fácil para él escuchar cómo su familia se burlaba de él al decirle que su sueño era una locura, una ilusión. Pero la semilla estaba plantada, él nunca se rindió y ahora… ¡se iba!

Mi mamá era una pata de perro y mi papá era un soñador que se dedicaba a observar partículas minúsculas en el microscopio electrónico por diez horas diarias. Ambos eran distintos, adelantados a su tiempo. Así pues, a casi un año de que yo naciera dieron el salto y dejaron su país para venir a Estados Unidos. A ninguno jamás le había picado la curiosidad por vivir fuera de México, pero la vida les mandaba este regalo. ¿Era un regalo o algo más?

CAPÍTULO 2

La llegada a Estados Unidos

∽∾∽

Poco después de que papá aceptara la propuesta de trabajo de la Universidad de Chicago, le confirieron la ciudadanía estadounidense por su calidad de inmigrante "con aptitudes excepcionales". A ver, sé que esto suena bastante elitista, pero la verdad es que papi era un genio. Llegó a Chicago en avión desde la Ciudad de México algunos meses después. El plan era que comenzara en su nuevo trabajo, se estableciera y encontrara un departamento para que todos viviéramos ahí. Mi mamá, mis hermanos y yo nos quedaríamos en México hasta que todo estuviera listo para nuestra llegada.

Esta es la historia de cómo mi mamá, mis hermanos y yo llegamos a "América…". Pero corrijamos esto de una vez: cuando estaba en México, ya estaba en América. México es parte de América del Norte, así que yo nací en Norteamérica. Adicionalmente, existen Sudamérica y Centroamérica. Así que, de hecho, *todos* los que nacimos en el continente americano somos americanos. Que se asuma que solo los estadounidenses son americanos es una de las cosas que más me molesta en la vida.

El día que nos disponíamos a viajar a Estados Unidos, mi mamá, una mujer de cinco pies de altura con cabello negro, cejas anchas, negras y arqueadas y labios rojizos, vestía de pipa y guante con tacones pequeños y falda de terciopelo. Se levantó temprano para preparar a sus cuatro niños pequeños para el primer viaje en avión de su vida. Viajaríamos de la Ciudad de México a Dallas y de ahí a Chicago en otro avión, donde papá estaría esperándonos. Corría el año 1962 y, sí, ya existían los aviones, pero casi nadie los usaba. Los viajes en avión eran solo para ocasiones especiales y para la gente muy rica que podía pagarlos. Esta era sin duda una ocasión especial, dado que mi familia no era rica.

Yo descansaba tranquilamente en los brazos de mamá a medida que avanzábamos por el aeropuerto y nos subíamos al avión. Pero mi hermano Jorge, quien entonces tenía tres años, gritó durante todo el vuelo, que aparentemente resultó ser divertido e inolvidable. "¡Un cai! ¡Un cai!", gritaba mirando por la ventana del avión. Trataba de decir "¡Nos caemos! ¡Nos caemos!", pero aún no contaba con esa palabra en su vocabulario.

En medio de los gritos de Jorge, mi hermano Raúl bombardeaba a mi mamá con un aluvión de preguntas porque era el cerebrito de la familia y quería saber absolutamente todo sobre lo que estaba ocurriendo. ¿Qué tan alto iba el avión? ¿Por qué no nos estrellábamos contra el suelo? ¿Cómo funcionaba exactamente la gravedad?

Bertha Elena, la mayor de siete años, miraba por la ventana y lloraba. Muy probablemente ella era la única que entendía exactamente lo que estaba pasando: dejábamos nuestro país. Todos nacimos en México y ahora le dábamos la espalda para llegar a un lugar en el que no habíamos estado nunca: una fría ciudad en el centro de Estados Unidos llamada Chicago.

Cuando era más joven solía bromear y decir que yo no había tenido ni voz ni voto cuando se tomó la decisión de migrar a Estados Unidos. Por muchos años, fue así como entendí mi llegada a este país. Entré protegida por la tranquilidad de los brazos de mi madre, con un vestido blanco con holanes que me había hecho especialmente para la ocasión. Mis enormes ojos negros estaban absortos ante tanta novedad, y de mi boca no salió ni pío porque era una bebé perfecta. El chicle de mamá. A mí solo me importaba el paseo. A medida que crecí, fui cuestionándome cada vez más cómo es que llegué a Estados Unidos, así que le pedí a mamá que me contara más sobre cómo habíamos terminado aquí. Resulta que habían dejado fuera una parte importante de la historia.

Pensábamos que lo peor del viaje había sido mi hermano gritando que se caía el avión. De hecho, el vuelo fue la parte más sencilla. Las cosas se enrarecieron cuando pasamos al área de migraciones del aeropuerto de Dallas.

Hoy día, cuando la gente llega a Estados Unidos desde otro país, es necesario pasar por un control de inmigración donde oficiales del gobierno revisan pasaportes y papeles y deciden si te admiten o no en el país. Suele haber dos filas: una para ciudadanos estadounidenses y residentes permanentes y otra para ciudadanos de otros países. México y Estados Unidos están uno al lado del otro, comparten frontera. Gran parte del suroeste de Estados Unidos, incluyendo Texas, California y el noroeste prácticamente llegando a Canadá, fue alguna vez territorio mexicano. Los países comparten una larga tradición de gente que va y viene a ambos lados de la frontera, pero desgraciadamente la relación no siempre ha sido cordial. Incluso cuando en la frontera la gente se lleva bien, sigue en pie una guerra por culpa de Estados Unidos, la historia, y claro… el racismo.

Aquí tienes la advertencia del disparador: la historia siempre comienza bien, como mi vida de ensueño en la colonia Narvarte. A los mexicanos felices no les importa lo que esté pasando en gringolandia porque son conscientes de que el mundo no gira en torno a Estados Unidos, pero algunos supremacistas blancos no iban a permitir que la cosa se quedara ahí. No te dejes engañar por la mentira del excepcionalismo estadounidense. El "excepcionalismo" es la falsa creencia de que este país es mejor que cualquier otro en el mundo: recuerda que te advertí que desmontaríamos varios mitos en este libro. El racismo es despreciable y doloroso, y estás a punto de verlo muy de cerca.

En 1916, Tom Lea Sr., el alcalde de El Paso, Texas, comenzó a propagar la nefasta idea de que los mexicanos no eran limpios. A partir de esa creencia, él y otros comenzaron a llamar a la gente como yo "mexicanos sucios". La frase se convirtió en un insulto racial porque se valía de palabras de odio para calumniar y dañar la percepción de los otros. ¿Conoces el dicho que reza "Palos y piedras romperán mis huesos, pero las palabras nunca me harán daño"? Bueno, solo es cierto a medias, porque las palabras son poderosas y estas palabras en particular terminaron siendo utilizadas para impedir que gente como yo, mexicanos, y personas no blancas que no nació aquí, entrara a Estados Unidos.

Debido a las palabras del alcalde Lea, el gobierno estadounidense abrió una central de fumigación en El Paso, en la frontera entre México y Estados Unidos. Los mexicanos que cruzaban la frontera diariamente para venir a trabajar de pronto tuvieron que someterse a una inspección de limpieza antes de que se les permitiera entrar al país. Lo que comenzó como un proceso en el que los oficiales de inmigración examinaban los cuerpos de los mexicanos para ver si tenían heridas, fiebre o algún tipo de enfermedad, rápidamente se convirtió en obligar a los mexicanos a bañarse en gasolina y rociar su ropa con gas venenoso Zyklon B para desinfectarse. Esto se llevó a cabo por cuarenta años. ¿Te imaginas tener que atravesar esa ordalía todos los días sólo para ir a trabajar o visitar a tu familia?

Esto me lleva de vuelta a la historia de mi mamá sobre nuestra llegada a Estados Unidos. Luego de bajarnos del avión en el aeropuerto de Dallas, caminamos con mi mamá por el aeropuerto y nos formamos en la fila de inmigración para ciudadanos y residentes de Estados Unidos.

Mi mamá sabía que era privilegiada. Aunque mi familia no era rica, teníamos *green cards* gracias al trabajo de mi papá como médico muy destacado que cambiaría la vida de muchas personas al formar parte de un importante programa de investigación en la Universidad de Chicago. De hecho, nuestras *green cards* eran más de un verde desteñido con líneas onduladas sobre nuestro rostro. Le decían tarjeta de residente "extranjero", o *"alien"*, aunque lo único que nos diferenciaba de los ciudadanos estadounidenses era el hecho de que no habíamos nacido en este país. Y así es como se los llamó hasta el año 2021, cuando el presidente Joe Biden prohibió oficialmente que se utilizara la palabra *"alien"* en cualquier documento gubernamental.

Una vez que llegó nuestro turno de pasar a la ventanilla de inmigración, nos recibió un agente tan alto como una secoya, un texano de bigote y cabello rubio. Mi mamá se sentía como un pequeño arbusto junto a él. A pesar de traer puesto su uniforme de agente de inmigración, parecía más bien un actor de película de Hollywood, así que mamá pensó que sería amable. Mi mamá se acercó con una sonrisa y le extendió nuestras cinco *green cards*, las tarjetas de residencia para extranjeros que, según entendía, nos permitían el ingreso a Estados Unidos. Y fue por eso que cuando el agente se detuvo a escrutar nuestros rostros uno a uno, mi mamá comenzó a exasperarse. Yo comencé a moverme nerviosamente entre sus brazos, así que ella me presionó con más fuerza contra su pecho; también mi hermana Bertha Elena jaló a mis hermanos junto a ella. Entonces, los ojos del agente se oscurecieron y se fijaron en mí como un zopilote hambriento, un buitre dispuesto a comerme. Mi mamá dio un paso atrás.

—Señora, usted es bienvenida a Estados Unidos —dijo el

oficial con un fuerte acento texano—, pero esta bebé tiene un pequeño sarpullido y tendremos que ponerla en cuarentena. De modo que usted y los otros tres niños se pueden ir a Chicago y nos quedaremos con la niña.

La única razón por la que tenía un sarpullido era porque había tenido que usar una manta áspera en el avión, en vez de mi manta normal, que habían empacado por la mudanza.

Mi pequeña y educada mamá comenzó a gritarle al hombre, sacudiendo su dedo. Algo dentro suyo hizo surgir una voz nunca antes conocida y le dijo al hombre, sin importar cuán alto e intimidante resultara, que de ninguna manera le iba a quitar a su bebé, a su chicle.

Luego de enterarme de esta parte de la historia, cada vez que la contaba, ya fuera entre amigos o al dar una conferencia en público, decía que mi mamá era todo un icono feminista estadounidense que había logrado encontrar su voz. La elogiaba siempre por entender cuáles eran sus derechos incluso antes de tener la ciudadanía. La historia trataba entonces de cómo mi mamá había sido una campeona que le contestó a un hombre que trabajaba para el gobierno y cuyo tamaño era dos o tres veces el suyo. Para mí, cuestionar a la autoridad es la verdadera definición de una democracia en acción. Yo me deleitaba contando y recreando la historia echándole flores a mi mamá mexicana por ser una campeona feminista chingona y la gente siempre aplaudía la valentía de mi mamá cuando terminaba de contarla.

Pero luego, muchos años después, algo ocurrió que alteró la forma en que percibí esta historia. En 2016, cien años después de que el alcalde Tom Lea comenzara a llamar a los mexicanos "sucios", los votantes de Estados Unidos eligieron un presidente que les decía que los mexicanos, inmigrantes como yo, eran peligrosos. (No voy a repetir aquí sus palabras porque, como la mayoría de las cosas que ha dicho, son mentiras. Y yo solo trato con la verdad, la verdad verdadera). Sus palabras desencadenaron una serie de políticas terribles.

Durante la administración del cuadragésimo quinto presidente, la desconfianza y la deshumanización de los inmigrantes regresó a su nivel más alto. A partir de 2017, el presidente Donald Trump, junto con el fiscal general Jeff Sessions y el consejero superior Stephen Miller, implementó una política de "tolerancia cero" que permitía al gobierno de Estados Unidos responder a la supuesta amenaza de los inmigrantes supuestamente peligrosos quitándoles a sus hijos. Este era el castigo por intentar cruzar a Estados Unidos.

Ahora, escucharás gente decir cosas como, *Bueno, no es posible que vengan aquí como si nada buscando una vida mejor. ¡Tienen que hacer las cosas como se debe! ¡Ponerse en la fila!* Pero esa narrativa es falsa. NO HAY FILA donde pararse ni un camino claro para la inmigración legal. Ninguno. Y la lista de espera para obtener una visa de inmigrante va de los seis a los veinte años. La idea de venir aquí "por una vida mejor" suena bien, pero qué tal suena esta realidad: te estás muriendo de hambre y eres capaz de hacer cualquier cosa por ayudar a tu familia, o eres un refugiado tratando de salvarte de un gobierno opresivo, de la violencia de las pandillas o de las inundaciones y la hambruna producto de la crisis climática. Y toda la vida has escuchado cómo Estados Unidos se precia de darles la bienvenida a los inmigrantes y refugiados.

Estas personas son reyes y reinas en su tierra, las estrellas de la película, los sobrevivientes de todos los tiempos. A mí seguramente me daría miedo dejarlo todo como ellos lo hacen, pero deciden arriesgarlo todo con tal de sobrevivir. ¿En serio no quieres a este tipo de personas como tus amigos y vecinos?

Pero al separar a la gente de sus hijos, el gobierno de Estados Unidos decía: *No te queremos aquí. No queremos siquiera que consideres la posibilidad de venir aquí. Así que vamos a arrebatarte a tus hijos y los vamos a meter en jaulas y es probable que nunca vuelvas a verlos. Ese es tu castigo por creer en las palabras inscritas en la Estatua de la Libertad. ¡Que la inocencia te valga!*

Más adelante, en 2017, luego de poner su iniciativa en marcha, un reportero logró obtener información de alguien que trabajaba dentro de uno de los campos donde retenían a los niños. Se trataba de una grabación donde los niños lloraban dentro de esas jaulas. El mundo entero la escuchó, incluida mi mamá. Y es ahí donde cambia nuestra anécdota de la llegada.

Mi mamá me llamó luego de escuchar las voces de esos bebés y niños en las jaulas de manufactura estadounidense. Lloraba mientras decía estas palabras:

—Mijita, pudiste haber sido tú.

—¿Qué? —pregunté, sin comprender.

—Mijita, pudiste ser tú. Esos bebés que están quitándoles a sus padres… querían hacerte eso a ti.

Me sentí en *shock* al darme cuenta de la realidad. El oficial de inmigración había querido apartarme de mi madre, de mi familia. Mamá dijo que la única razón por la que le gritó al hombre fue porque entró en pánico.

—Fue lo único que se me ocurrió hacer —explicó—. Nunca le había gritado a nadie en ese tono antes. Y no era que estuviera aprovechando mis privilegios ni que fuera una estadounidense que comprendiera sus derechos. Era simplemente una madre en estado de pánico. Me quería quitar a mi bebé. Mi nuevo país me recibió con la amenaza de arrebatarme a mi bebé.

En ese momento me eché a llorar. En ese instante comprendí que una experiencia como esa, incluso si no eres consciente de que te ha ocurrido, puede quedarse contigo como un tatuaje.

Cuando escuché esa historia, comprendí todo sobre quién soy y por qué me dedico a lo que me dedico. Estoy orgullosa de ser inmigrante mexicana, periodista y ahora ciudadana de Estados Unidos. Tengo una historia en este país. Sobreviví a la amenaza de ser separada de mi mamá por la sencilla razón de no haber nacido aquí. Pero entiendo mi privilegio. Por eso te cuento mi historia, para que la mantengas viva, hagas la tarea y te hagas preguntas sobre la tuya.

CAPÍTULO 3

Entre dos mundos

El primer año de mi familia en la ventosa ciudad de Chicago fue una transición muy dura para nosotros. Mi mamá estaba sola en una nueva y helada ciudad, mi hermana había dejado a sus amigas y a sus primas, y ninguno de mis hermanos soportaba pasar tanto tiempo dentro de la casa. Afuera hacía demasiado frío y nevaba. Ninguno de nosotros tenía los abrigos adecuados y no le habíamos dado al clavo de vestirnos en capas para mantenernos calientes durante el invierno.

Los días de mi papá transcurrían haciendo investigación en la Universidad de Chicago y mis hermanos ingresaron a la primaria en la Bret Harte Elementary School, que estaba en nuestro vecindario, Hyde Park. Eso me dejó a mí sola con mamá la mayor parte del tiempo, ya que yo aún no iba a la escuela. Este tiempo a solas con ella siempre fue especial porque pude ver lo que pasaba tras bambalinas cuando no había nadie en casa.

Todas las mañanas la veía sacudir las sábanas, plancharlas

hasta que quedaban perfectas y luego tender cada una de las camas al punto en que parecía que nadie había dormido en ellas. Luego se sentaba frente al televisor, que era tan grande como una lavadora, y de pronto aparecía en pantalla alguien haciendo ejercicio. Ella seguía el ejemplo y yo la seguía a ella e imitaba a todos los que aparecían en televisión.

Uno de mis ejercicios favoritos era cuando mi mamá se sentaba sobre su trasero y se arrastraba hacia delante. Yo intentaba hacer lo mismo procurando que mi pequeño trasero también me echara adelante. Ambas terminábamos viéndonos como tontas, como patos sacudiéndose el lodo, pero recuerdo lo mucho que reíamos cada vez que mamá hacía sus rutinas.

Un día, el entrenamiento de pronto se interrumpió. Un hombre blanco de cabello cano y bigote apareció en la pantalla. Dijo en inglés que el presidente John F. Kennedy había sido asesinado. No entendí exactamente lo que eso quería decir, pero recuerdo haber volteado a ver a mi mamá y presenciar el momento en que se echó a llorar. Nunca la había visto llorar antes y me dio mucho miedo. Ella siempre era quien me confortaba cuando yo lloraba, así que al verla así no supe qué hacer. La abracé.

Esa fue la primera vez que un periodista en televisión me impresionó… y a tantos niveles. Estaba dando las noticias justo en el momento en que el incidente acababa de ocurrir. Buscaba la forma de contar una tragedia; estaba documentando la historia. Luego supe que el hombre de cabello canoso era Walter Cronkite.

Comenzaba a entender que los periodistas nos decían qué

era lo que estaba ocurriendo en este país. Todo aquel que tuviera radio o televisor el 22 de noviembre de 1963 estaba escuchando a Walter Cronkite mientras daba la fatídica noticia del asesinato de John F. Kennedy. De algún modo, la noticia nos unió como país porque nos forzó a darnos cuenta de que estábamos asistiendo a un episodio de nuestra historia colectiva más allá de todo cuanto nos dividía como nación.

Al final del año, a mi papá lo invitaron a hacer una residencia en la Universidad de Harvard. Una vez más, como familia nos dispusimos a embarcarnos en una nueva aventura en honor del microscopio de mi padre, y llegamos a la fría ciudad de Brookline, justo a las afueras de Boston, Massachusetts.

Uno de mis primeros recuerdos es la casa de dos pisos en la que vivimos ahí, que la universidad ponía a nuestra disposición y que estaba ubicada en un vecindario llamado Coolidge Corner.

Mis hermanos, mi hermana y yo nos sentíamos a salvo y calientitos dentro de la casa de Brookline, aunque a veces era raro porque estaba amueblada con cosas que no nos pertenecían. El único momento traumático fue cuando mi hermano Jorge mató accidentalmente a su hámster por abrazarlo y apachurrarlo. Lo adoraba y no se daba cuenta de que le hacía daño.

Mi mamá me llevaba con ella prendida a su cadera prácticamente a todas partes dentro de aquella vieja casa de madera. Para mí, a los tres años, la vida era buena. Mi papá trabajaba todo el día y en ocasiones también durante los fines de semana, lo que dejaba a mamá sola en casa con cuatro niños pequeños en una ciudad desconocida, en un país extraño. Al margen de nosotros, toda la gente que mi mamá quería estaba a miles de millas de distancia, en México. La pasó tan mal, se sintió tan sola y abrumada, que mi abuelo, mi abuela, mi tía, mi tío y su esposa decidieron venir a visitarnos a Brookline. Se convirtió en un gran viaje familiar para visitar a la hermana pequeña que había dejado México para irse a vivir a Estados Unidos. También se convirtió en un acto motivacional para mi mamá, puesto que necesitaba ayuda y fuerza para seguir adelante.

Adicionalmente, mi abuelo le pagó el sueldo a una jovencita mexicana de nombre Isabel para que viniera a ayudar a mi mamá en casa. Recuerdo el abrazo cálido de Isabel, su cabello oscuro y rizado y su sonrisa que brillaba como el sol. Mi mamá luego me contó que esta visita por parte de su familia fue una de las cosas que le salvaron la vida al recordarle de dónde venía, y le transmitió la sensación de esperanza que necesitaba mientras trataba de abrirse paso en un país desconocido.

La casa se llenó de gente que hablaba español y en la cocina las mujeres cocinaban los platillos que solíamos comer durante las comidas del mediodía. Un día nos reunimos todos en las escaleras que estaban al frente de nuestra casa para un retrato familiar improvisado: Jorge y yo al frente, mi tío a la izquierda con mi abuela e Isabel detrás de él; mis dos tías en el medio con tubos rosas en el cabello, mientras mi mamá se paraba junto a ellas; y mi abuelo en el extremo derecho con un cigarrillo en la boca.

Por supuesto, mi abuelito llegó con regalos para nosotros, incluyendo una caja enorme y misteriosa que se llamaba "tocadiscos". Mi hermana, de diez años, perdió el interés en el aparato luego de jugar con él por un rato, y mis hermanos estaban muy entretenidos jugando afuera de la casa. Así que me senté sola con la caja en el piso.

El tocadiscos venía con un libro y un disco de seis pulgadas. Al hojear el libro me di cuenta de que contaba la historia de un mundo de colores rosa, lavanda y verde pastel. Parecía una tienda de dulces, donde todo lo que veías era comestible. Quería lamer las páginas como si fueran una paleta de caramelo macizo. Los dibujos de la gente con atuendos en blanco y rojo festivo, así como el carrusel lleno de caballos de colores, contaban la historia de una tierra fantástica donde la gente bailaba y cantaba todo el tiempo.

A diferencia del colorido mundo al interior del libro, las calles que circundaban nuestra casa en Brookline eran frías y grises, y los árboles se convertían en tristes esqueletos marrones luego de perder todas sus hojas en invierno. El mero hecho de mirar el libro me transportó a otro universo.

Al final del libro, en la última página, había un sobre con un disco dentro. Saqué el disco, que parecía un grueso disco de plástico negro, abrí la caja del tocadiscos y puse el disco encima, alineando el agujero en el centro del disco con el pequeño poste de metal que estaba al centro del aparato. Luego moví el brazo hacia el disco, que ya estaba girando. Al principio se escuchó algo así como un rasguño, pero de pronto se escucharon la música y las voces de los personajes del libro.

La gente que montaba los caballos del carrusel en la tierra

de colores pastel cantaba una canción, y la canción usaba una palabra que nunca había escuchado antes: SÚ-PER-CA-LI-algo-algo. Para mí, esta palabra representaba todo sobre el idioma que no se hablaba en mi casa, el idioma que escuchaba solo cuando salía. No hablaba inglés, aunque en realidad no conocía suficientes palabras en ninguno de los dos idiomas.

Me tomó mucho tiempo aprender siquiera a pronunciar la palabra. Sola, me puse a escuchar ese disco una y otra vez detrás de una puerta en el cuarto de al lado, donde encontré un enchufe en la pared. Todos estaban ocupados en la cocina contando historias, cocinando, escuchando lo que decía el abuelo, riéndose. Nadie se preocupó por mí ni vino a buscarme porque sabían que estaba a salvo en la casa y probablemente, además, escuchaban cómo se repetía el disco una y otra vez.

¿Puedes imaginarte a los tres años tratando de aprender una de las palabras más difíciles de pronunciar en inglés, que resulta también ser un idioma que no sabes hablar? Mientras escuchaba el disco recorría las páginas del libro y pronunciaba las letras que conformaban la palabra. En algún punto, lo logré.

SUPER-CALI-FRAGI-LISTICO-EXPI-ALI-DOSO.
¡Supercalifragilisticoexpialidoso!

Quizás esa fue la primera vez que me reté a hacer algo fuera de mi zona de confort, a conquistar cosas que aún no tenían sentido para mí. También es posible que comenzara a comprender que había ciertas cosas que debía saber para navegar el mundo más allá de nuestra casa.

Poco tiempo después de la visita de mi familia con el tocadiscos mágico y el mundo fantástico de Mary Poppins, mi papá terminó su residencia en Harvard y empacamos para regresar a Chicago.

La era de los derechos civiles estaba en su apogeo, e incluso a los cuatro años me daba cuenta de la angustia y la frustración que se respiraban. En Chicago vivíamos en un barrio de familias blancas y negras, propietarios de tiendas, policías, maestros y bibliotecarios que convivían unos con otros. Y, sin embargo, todas las noches veíamos en televisión a los manifestantes blancos y a la policía acosando y golpeando a la gente negra. No entendía por qué pasaba esto. Veía cómo los policías apuntaban con grandes mangueras contra incendios a grupos de gente negra: los hombres bellamente vestidos con camisas impecables, pantalones recién planchados y zapatos de piel; las mujeres, todas con vestido y cabello perfectamente rizado.

No lo sabía entonces, pero vestir elegantemente era de hecho una táctica de los manifestantes negros. ¿Por qué? Porque la gente blanca en posición de autoridad los sometía injustamente a estándares más altos, ya que el cabello suelto o la camisa desabrochada de una persona negra era suficiente excusa para cuestionar su respetabilidad. Y es por eso que la presentación de los manifestantes negros en las protestas era impecable. Entonces, ¿por qué seguían amenazándolos con la manguera? ¿Por qué permitía la policía que sus feroces pastores alemanes los atacaran?

Ya sabía que algo andaba mal en este lugar que ahora era mi hogar, donde hablábamos español en casa y otro idioma fuera de ella. Era feliz aquí, pero algo estaba mal. Tenía que ver con la gente de piel más oscura y la gente blanca que los odiaba solo por eso.

Muchos años después, por ahí de 2010, cuando mi papá enfermó de Alzheimer, mi familia y yo comenzamos a revisar las cajas donde tenía las cartas de amor que le escribía a mi mamá por ahí de mediados de la década de los cincuenta, cuando había viajado por primera vez a Estados Unidos en autobús. Papá nunca nos contó la historia de su llegada, probablemente porque le resultaba doloroso recordarlo. Pero conocer la historia de esas cartas me ayudó a entender mucho sobre mi padre y sobre todos los que vivimos en este país sin haber nacido en él.

Varios años antes de que lo contratara la universidad, mi papá viajó a Chicago para una entrevista de trabajo. Tomó un autobús desde la Ciudad de México hasta Chicago porque no le alcanzaba para comprar un billete de avión. Durante el viaje en autobús observaba el paisaje mientras cruzaban la frontera hacia Texas: plano y marrón hasta donde alcanzaba la vista, todo bajo un sol ardiente y abrasador. Después de varias millas, hicieron su primera parada en Texas.

En la carta describe lo que ocurrió ahí cuando se bajó del autobús para ir al baño. Entró al baño de hombres y se dio cuenta de que debía tomar una decisión: había dos puertas y un letrero en cada una. Un letrero decía "Blanco" y el otro decía "Negro". Mi papá estaba muy confundido. No entendía qué significaba todo esto. En teoría, Estados Unidos era mucho más de avanzadas que México. ¿Cómo era posible que tuvieran dos baños en función del color de la piel?

Esto fue durante la década de los años cincuenta y la

segregación seguía vigente e intensa en el sur del país. La segregación era una política basada en la idea de que la gente negra debía tener acceso a instalaciones "iguales, pero separadas" de la gente blanca. Esto aplicaba a escuelas, autobuses, cines, bebederos e incluso baños. Sin embargo, la mera idea de que haya que separar a la gente según su raza o color de piel es inherentemente desigual. Los políticos blancos crearon y mantuvieron la segregación propulsada por el odio, el racismo y el deseo de que los negros sintieran que valían menos que los blancos.

De pie ante las dos puertas del baño, mi papá se fijó en su color de piel. No era ni blanca ni negra. Era más oscura que la blanca, pero no era negra. Sabía que más allá de la cantidad de melanina en la epidermis —el término médico para referirse a la piel— no existía diferencia alguna entre los cuerpos de la gente. Lo sabía porque había practicado varias cirugías.

En ese momento debía tomar una decisión nada científica. Al final, decidió cruzar el umbral de la puerta que decía "Blanco". Eligió el privilegio, eligió pasar, y eso es lo que hacía que este recuerdo le resultara tan doloroso. Al hacerse pasar por blanco comprendió que en Estados Unidos era invisible como mexicano.

A todas luces, los estadounidenses veían las cosas solo en blanco y negro, y no querían que esos dos conceptos se mezclaran. ¿Cuál era el lugar en Estados Unidos para un hombre moreno que hablaba español? Si eran capaces de hacerle eso a la gente negra, ¿no podrían hacérselo también a la gente como él?

Mi padre comprendió desde el momento en que pisó Estados Unidos que la división racial estaba encarnada en lo más profundo de este país. Se dio cuenta de que no podría resolver el problema, y creo que eso lo hizo sentir cierta desconfianza. Es muy difícil amar un lugar cuando no estás seguro de que encajes ni de que alguna vez vayas a ser plenamente aceptado.

Cuando era niña en Chicago no conocía esta historia sobre mi papá. Era solo una niña que encontraba amor, calor y a México dentro de casa. Pero afuera, en el frío, donde observaba la ira ardiente contra quienes protestaban, trataba de entender cómo era posible que el amor y el odio existieran en el mismo lugar y al mismo tiempo. ¿Era Estados Unidos el lugar correcto para nosotros? ¿En serio este iba a ser nuestro hogar?

CAPÍTULO 4

Ser distinta en Hyde Park

❦

Nuestro vecindario en Hyde Park en la zona sur de Chicago era distinto de la mayoría del resto de los lugares. Éramos vecinos poco comunes. No usábamos palabras como "diversidad" o "minorías", pero nuestro vecindario era básicamente un modelo para la multiculturalidad. Hyde Park era el único lugar en toda la ciudad de Chicago donde blancos y negros vivían unos con otros. Vivir ahí me hacía pensar que ser diferente era *cool*.

A todos nos gustaba ser distintos. Quizá porque nuestro vecindario estaba junto al lago Michigan y eso nos hacía sentir más libres para ser quienes queríamos ser, porque no nos sentíamos encerrados. También podía deberse a que la Universidad de Michigan atraía a gente de todo el mundo que no tenía el racismo en los huesos tal como los estadounidenses lo tienen históricamente. Tal vez fue por la gran migración de personas negras del sur hacia el norte y el medio oeste, y ese fuerte sentido de familia que muchas personas negras trajeron consigo.

De hecho, el día que mi mamá llegó a la escuela con sus cuatro hijos para inscribirnos, el director y otros administradores se pusieron a aplaudir porque estaban emocionados de recibir estudiantes de México. ¡Imagínate que te aplaudan en la escuela por ser inmigrante mexicano!

Mi mamá llevaba a mi hermana y a mis hermanos a la escuela prácticamente todos los días, y dado que yo era su chicle, también iba con ellos. En esos trayectos rumbo a la escuela fue que conocimos a Lorraine, la guardia de cruce escolar. Lorraine usaba un sombrero blanco que simulaba la gorra de un piloto, guantes blancos y cinco o seis capas de ropa para mantenerse abrigada bajo su chaqueta negra de guardia que le llegaba casi hasta el suelo. No llegaba a los cinco pies de altura.

Lorraine era originaria del sur, así que "buenos días" le venía naturalmente todo el tiempo. *Buenos días, mi amor. Buenos días, cariño. Buenos días, mi cielo. Que tengas un día maravilloso.* A Lorraine le gustaba dar abrazos y yo fui una niña que creció dando y recibiendo abrazos. Eso venía de mi mamá y de su forma tan mexicana de ser mamá. Así que yo abrazaba a Lorraine cada mañana.

No pasó mucho tiempo para que mamá y Lorraine se pusieran a platicar. Lorraine con su lento acento sureño de Misisipi y mi mamá con su marcado acento mexicano. Se hicieron amigas cercanas y Lorraine comenzó a visitar nuestra casa para matar tiempo entre sus turnos. A veces ayudaba a mi mamá a limpiar la casa. Esto ayudaba a mi mamá, pero también ayudaba a Rain, como le decíamos a Lorraine, porque no tenía un lugar cálido donde pasar el tiempo entre la mañana, la tarde y los turnos extraescolares.

Pasaron muchos, muchísimos días juntas y todos adorábamos a *Rain in de Face*, como ella se hacía llamar. Aunque mi papá era muy serio y bastante reservado, Lorraine comenzó a llamarlo "cariño" para divertirse de lo solemne e intelectual que solía ser. Ellos también se hicieron amigos, aunque con muy pocas palabras. Lorraine se convirtió en parte de la familia.

A estas alturas llevábamos algo así como cinco años en Estados Unidos. El Día de Acción de Gracias era una tradición que como mexicanos no nos resultaba familiar y seguíamos tratando de entenderla. Yo nunca me creí la historia que nos contaron sobre los peregrinos y los indígenas que eran tan amigos.

Un año, Lorraine nos invitó a pasar el Día de Acción de Gracias en su casa. Mi papá pasó a dejarnos de camino al trabajo porque le encantaba trabajar y porque no era un hombre para quien las festividades fueran importantes. Fue ahí que mamá se dio cuenta de que la dirección que Lorraine nos había dado correspondía a un proyecto de vivienda donde las familias pobres se veían forzadas a vivir luego de ser desplazadas de sus comunidades, e incluso era el único lugar donde a un migrante recién llegado del sur le alcanzaba para vivir.

Mi mamá y mi papá no criticaban este tipo de cosas. Todo sobre Estados Unidos seguía resultándoles novedoso, interesante e intrigante. Tampoco iban por la vida con ideas racistas ni elitistas a cuestas que impidieran que pasáramos el Día de

Acción de Gracias en un proyecto de vivienda en la zona sur de Chicago a donde la gente blanca no iba porque les resultaba inseguro, que es otra forma en que se manifiesta el racismo.

El edificio se sentía frío, como si tocaras acero inoxidable a mitad del invierno. Seguramente no había calefacción en el elevador ni en los pasillos pese a que había muchos departamentos en cada piso. El departamento de Lorraine era pequeño, pero tenía un delicioso olor a pavo. Había platillos que nunca había visto en mi vida, que ella llamó col rizada y camotes en almíbar. Nos sentamos a la mesa de linóleo de Lorraine con ella y su hija y comimos piernas de pavo todos juntos.

Fue el aroma y el sabor del pavo de Lorraine lo que finalmente convenció a mi madre de comenzar a celebrar el Día de Acción de Gracias en casa y preparar su propio pavo. Así de bueno estaba. Comimos helado de postre y, después de eso, Lorraine sacó sus guantes de boxeo. Nos enseñó cómo pelear y cómo dar un buen gancho al hígado. Nos dejó usar sus guantes de piel que pesaban muchísimo. Como guardia de cruce escolar, Lorraine era toda *Mi amor, esto*, *Cariño, lo otro*, pero esa noche me di cuenta de que con ella no podías pasarte de listo.

Ese mismo año comencé el kínder en la escuela primaria de Bret Harte. Era la persona más feliz de la familia, junto con mi mamá, quien por fin tendría algo de paz durante el día. Dado que yo era la más chica de cuatro hermanos, siempre quería imitar lo que hacían mis hermanos mayores. Me encantaba ser el chicle de mi mamá, pero ya estaba un poco harta. Quería ser una niña grande y, a la edad de cinco años, por fin llegaba mi oportunidad.

La escuela Bret Harte llevaba ese nombre en honor al escritor y poeta Bret Harte, quien escribió sobre sus experiencias en la frontera y la fiebre del oro en California. El poema que lo hizo famoso, publicado por primera vez en 1870, se llamaba "Lenguaje sencillo del verdadero James", pero la mayoría de la gente lo conoce como "El chino pagano". Aunque la intención de Harte era criticar la violencia que los inmigrantes irlandeses ejercían sobre los migrantes chinos, el poema terminó alimentando un sentimiento antichino entre la clase blanca trabajadora. En 1882, el gobierno estadounidense puso en marcha la ley de exclusión asiática que prohibía la inmigración de fuerza laboral china. A los cinco años no lo sabía, pero cuando años después supe quién había sido Bret Harte, me tomé un minuto para pensar en la infinidad de niños que pasaban por debajo de su nombre cada mañana y cada tarde. Pon atención y observa a quién le rinde tributo tu comunidad por medio de estatuas, monumentos, placas conmemorativas y nombres de edificios.

Nuestro edificio escolar me hacía pensar en un castillo. Estaba hecho de ladrillo rojo y la entrada estaba dentro de un torreón cuadrado, también de ladrillo, que simulaba una torre. Entrabas subiendo unas escaleras muy imperiales y dabas un giro a la izquierda hacia la torre cruzando las puertas dobles hechas de madera y vidrio muy pesado. Cuando era niña, las proporciones de todo me parecían enormes: los escritorios eran grandes, las sillas eran grandes, los pasillos eran grandes. Los de octavo eran enormes.

Yo era la niña más bajita de mi clase, que era la de los más pequeños, así que en pocas palabras era la niña más chiquita de toda la escuela. El primer día estaba nerviosa y tenía miedo, como cualquier otro niño, pero lo que en realidad me tenía ansiosa era no saber qué hacer si tenía que hablar un idioma en la escuela y otro en mi casa. ¿Qué hacía con eso?

No entendía por qué mi vida en la escuela eran tan distinta de la vida en mi casa. No había ningún otro niño en la escuela, aparte de mis hermanos, que hablara español (al menos no que yo supiera). Tenía en casa una tarjeta que decía que era una "*alien*". A menudo, porque hablaba otro idioma y mis papás hablaban inglés con acento, sí me sentía como una alienígena. Nuestra casa olía distinto, la música era en español, éramos gritones y ninguno de nosotros era rubio.

Nadie en la escuela me hizo sentir así a propósito. Bret Harte era ese tipo de escuela. Todo el mundo en Hyde Park iba a la escuela pública y todos se esforzaban por llevarse bien, pero a veces había peleas después de la escuela. Las peleas nada tenían que ver con asuntos raciales: eran más bien niños celosos o niñas enojadas que peleaban por un chico. Ese tipo de trivialidades. Nadie llevaba armas en aquel entonces. Jamás: no a una escuela primaria.

Además de las peleas, había otra cosa que me daba miedo. Era mediados de la década de los sesenta, más o menos veinte años después de la Segunda Guerra Mundial, cuando el mundo se enfrentó a los nazis. También hacía veinte años que Japón había bombardeado Pearl Harbor y luego Estados Unidos había lanzado la bomba atómica sobre Hiroshima y Nagasaki. La decisión del presidente Harry Truman de usar la bomba atómica contra seres humanos, incluso en tiempos de guerra, fue una terrible violación a los derechos humanos a escalas insospechadas.

Las generaciones que habían vivido la guerra seguían en estado postraumático. No teníamos un nombre para eso como lo tenemos ahora, TEPT o trastorno por estrés postraumático. Hoy hablamos sobre cómo esto puede ocurrirle a la gente que va a la guerra o que está en la primera línea de combate. A finales de los sesenta, la Segunda Guerra Mundial apenas llevaba veinte años de haber terminado y los judíos que sobrevivieron a los nazis y a los campos de concentración formaban parte de nuestra vida cotidiana. Con el tiempo supe que la razón por la cual el señor y la señora Tannenbaum, dueños de la tienda de la esquina llamada Tannenbaum's, llevaban siempre manga larga pese a la humedad del verano en Chicago, era porque ambos habían sido tatuados en un campo de concentración europeo.

Digamos entonces que la posibilidad de otra guerra mundial era, por decirlo de algún modo, real. Para manejar el estrés y el temor a un posible bombardeo, muchas escuelas seguían llevando a cabo simulacros de ataque aéreo. Lo único que mis compañeros y yo sabíamos era que cuando cierta campana sonaba, teníamos que hacer una fila en el salón y luego bajar las escaleras sin romper la fila. Una vez reunidos todos los niños de kínder, nos cubríamos la cabeza con los brazos cruzados y nos apoyábamos contra una pared. En la nación más poderosa del mundo, que ya había lanzado una bomba atómica sobre otro país, esto era lo más que podían hacer para protegernos en la escuela. Por fortuna, nunca hubo ataques aéreos ni bombardeos durante mis días de primaria.

No, hay que decirlo: mi escuela era muy segura. Era un lugar de amistad, de lecturas, de comunidad. Mi maestra favorita era la señora Lois Turner, mi maestra de primer grado. Fue la primera profesora negra que tuve y uno de los seres humanos más dulces y amorosos que he conocido en mi vida. La señora Turner me veía. Entendía que, pese a que me fascinaba ir a la escuela, batallaba porque era la más pequeña de la manada. El inglés seguía siendo mi segundo idioma. Mi cabello no se parecía al de nadie más. Si no me ponía una media en el cabello, se volvía rebelde, chino y esponjado: todo lo contrario al cabello lacio rubio que se mostraba como el ideal en las películas, la televisión y la publicidad.

Un día me llamó durante la clase y eso me motivó para levantar más la mano, porque quería que me viera. Ella representaba la calidez, la ternura y la paciencia. Con los niños que se portaban mal, sin embargo, era severa: yo no quería que la señora Turner me mirara con severidad.

La señora Turner era una orgullosa mujer negra que dirigía con humanidad y, en el camino, nos enseñaba a hacer lo mismo. Mientras la gente protestaba en las calles del sur de Chicago exigiendo que se respetaran los derechos civiles, a sólo unas cuantas cuadras de la escuela, la señora Turner nos enseñaba a cantar canciones típicas del folclor irlandés y nos hacía leer sobre personajes como Dick y Jane, quienes vivían en lugares que nada tenían que ver con los barrios de nuestra ciudad. Su salón era también el lugar donde estudiábamos a

Thor Heyerdahl, un etnógrafo y explorador que viajó por el mundo para sostener su tesis sobre la migración: él creía que los océanos entre los continentes no nos separaban, sino que nos unían. Thor Heyerdahl, un hombre noruego, no podía ser más distinto a mí, una niña mexicana radicada en Chicago, pero con la señora Turner le seguíamos la pista a su viaje marítimo día con día.

La década de los sesenta fue el momento de darles la vuelta a una serie de creencias y políticas llenas de prejuicios y pasadas de moda. La escuela primaria Bret Harte, como muchas escuelas de su época, se aferraban a ciertas tradiciones bastante trasnochadas. Por ejemplo, las niñas teníamos prohibido usar pantalones: así es, los administradores no permitían que las niñas usáramos pantalones en el colegio.

Es posible que conozcas el frío invernal de Chicago, pero si no, permíteme decirte que hace un frío que te mueres. Veinticinco grados Fahrenheit. Hace tanto frío que se te congelan los mocos y se siente como si tuvieras un montón de témpanos en la nariz. Odiaba ir a la escuela en falda y vestido en invierno, pero así era entonces y nada podía hacer.

Algunas madres feministas comenzaron a hablar sobre esta regla absurda y sobre cómo, básicamente, oprimía y controlaba a las niñas. Dado que se trataba de una época en la que todo el mundo se cuestionaba todo, algo así como lo que ocurrió con los horrores y la inequidad producto de la pandemia de COVID-19 y las protestas de Black Lives Matter de 2020, las madres feministas, incluyendo la mía, decidieron firmar una petición para que el director y el *staff* de la escuela Bret Harte retirara esa regla absurda. Mientras ellas seguían dialogando con el personal de la administración para suprimir la prohibición, nosotras ya llevábamos pantalones bajo la falta. Con el tiempo, la mayoría de las niñas comenzó a usar así los pantalones. Las mamás sostuvieron la presión y el personal de la escuela terminó cediendo: ¡tiramos al patriarcado! A las niñas se nos permitió usar pantalones en la escuela oficialmente y yo aprendí una lección sobre la importancia de exigirles a los poderosos que rindan cuentas, incluso si solo se trataba del director de una escuela primaria.

Vivir en Hyde Park y asistir a Bret Harte me dio la oportunidad de hacer nuevos amigos y pasar tiempo en sus casas. Estas visitas me abrieron los ojos a nuevas realidades y formas de vida. Me enseñaron que, aunque nuestras casas eran en apariencia distintas (más grandes, más chicas, más o menos ordenadas), la gente era esencialmente igual. Los aromas de cada casa eran distintos y deliciosos y particulares, y ninguna casa olía mejor que otra.

Me encantaba ir de una casa a otra y jugar con mis amigos. Estas miniaventuras me ayudaron a agudizar mi capacidad de observación como futura periodista. En la casa de Elizabeth comí *bagels* con salmón ahumado por primera vez en la vida. Mi amigo Emmett tenía la piel clara, un afro castaño claro y una voz profunda que nos hacía reír a todos cuando imitaba a Scooby-Doo. Teresa, quien era negra, me invitó a su casa donde bailamos "This Old Man" de los Jackson 5. Derek era muy simpático y de barriga redonda, usaba un afro muy corto y a menudo se ponía su uniforme de *boy scout* para ir a la escuela. En la casa de Susie jugué con las muñecas Barbie que recibió por Hanukkah. Los papás de mi amigo Charlie Moy eran los dueños del restaurante chino de la esquina donde todo el mundo comía. Mary era japonesa-americana y en su casa horneábamos galletas de azúcar.

Algunos de mis amigos vivían en departamentos muy grandes en el último piso del edificio, con cuatro recámaras y largos pasillos. Otros vivían en casas. Y algunos de mis amigos vivían un poco más lejos, en proyectos de construcción como el de Lorraine. Pero Hyde Park albergaba a todo tipo de gente, así que me hice amiga de todos y pude ver cómo vivía cada quien.

También llegué a conocer la historia familiar de todos, y con ello aprendí mucho más sobre mi país de adopción, tanto lo bueno como lo malo. La mamá de mi amiga Elizabeth era blanca y venía de West Virginia, mientras que su papá era japonés-americano. La familia de su papá sobrevivió a algo comúnmente llamado campo de internamiento japonés: bajo ese nombre en apariencia inocuo se esconde un acto terrible que nuestro gobierno perpetró contra su propia gente.

Durante la Segunda Guerra Mundial, el gobierno estadounidense encerró a los japoneses-americanos, la mitad de los cuales eran niños, en campos muy alejados de sus casas, en ocasiones por periodos de hasta cuatro años. Estamos hablando de ciudadanos estadounidenses. Muchos perdieron las casas y los negocios por los que tan duramente habían trabajado. Los legisladores del gobierno consideraban que no era posible confiar en los japoneses-americanos luego del ataque

militar a Pearl Harbor, pero nunca encerraron ni a los germa-
noamericanos ni a los italoamericanos pese a que estábamos
luchando contra Alemania e Italia al mismo tiempo.

¿Recuerdas cuando te dije que las palabras son poderosas?
La forma en que definimos las cosas es importante. Es la
diferencia entre llamar a algo "campo de internamiento japonés"
en lugar de lo que verdaderamente fue, el encarcelamiento de
ciudadanos estadounidenses inocentes porque eran de origen
japonés. Cuando usamos palabras que describen con exactitud
lo que el gobierno le hizo a este grupo de estadounidenses, es
imposible ignorar la injusticia. Piensa detenidamente en los
términos que utilizas cuando te refieres a ciertas personas y
momentos de la historia. La historia de la familia de Elizabeth
dejó al descubierto una cara de Estados Unidos que yo desconocía, y cambió mi forma de ver el mundo.

Y el mundo también cambiaba a mi alrededor. En la ciudad de Chicago y a lo largo y ancho del país, la gente se manifestaba, algunos para luchar contra las injusticias, otros para
preservarlas. Todos los días había una nueva protesta: contra la
guerra de Vietnam, por la liberación de las mujeres, para terminar con la pobreza. Y cuando los estudiantes de bachillerato
y universidad salían a protestar pacíficamente contra la guerra,
la policía llegaba con equipo antidisturbios y los atacaba con
garrotes, gases lacrimógenos y mucha violencia.

A veces cruzábamos un paso subterráneo de cemento bajo
las vías del tren en nuestras salidas de fines de semana. Ahí fue
que leí las palabras "¿Quién mató a Fred Hampton?" en grafiti
con espray en aerosol de color negro. En ese entonces tenía

ocho años y no sabía quién era Fred Hampton, pero sabía que alguien lo había matado y que había gente que tenía preguntas que nadie había sido capaz de responder. Muchos años después supe que Fred Hampton era un joven activista y presidente del Black Panther Party en Illinois; tenía tan solo veintiún años cuando el FBI lo mató a tiros en 1969.

Durante las décadas de los sesenta y los setenta, no llamábamos a los policías "oficiales de policía". Los llamábamos "cerdos". La televisión retransmitía constantemente imágenes de policías blancos con cascos sacando garrotes y azotando con ellos a adolescentes y gente joven hasta que les sangraba la cabeza. Se asesinaba sistemáticamente a políticos y líderes de distintos movimientos. En un periodo de cinco años perdimos a John F. Kennedy, Medgar Evers, Malcolm X, Martin Luther King Jr. y Robert F. Kennedy. Vi cómo asesinaban a los estudiantes universitarios de Kent State University por protestar contra la guerra de Vietnam. No sabía que lo que estaba presenciando era la lucha de un país por su alma y su democracia.

Cuando tenía alrededor de cuatro años vi por vez primera en televisión al reverendo Martin Luther King Jr., un ministro negro y líder del movimiento por los derechos civiles. Habló con elocuencia y con mucha fuerza; sabía transmitir emociones cuando hablaba. Nos pidió no juzgar al otro "por el tono de su piel, sino por el tesón de su carácter".

Cuando eres una niña mexicana y no estás rodeada de muchos niños como tú, resulta muy conmovedor escuchar hablar a alguien como Martin Luther King, declarando que todos somos parte de este país y que todos merecemos tener voz y ser tratados con igualdad. Me recordó a uno de mis tíos. Aunque Luther King tenía la piel más oscura, compartían el mismo bigote, la misma cabeza calva, el mismo tipo de ojos, los labios gruesos y la hermosa sonrisa. También decía que el amor era la fuerza que debía mover al mundo. Esa noción caló hondo en mí: siempre hubo mucho amor en mi familia, así que ¿por qué no valerse del amor como catalizador social?

Martin Luther King Jr. fue la primera persona que me hizo sentir que existía la posibilidad de que yo también fuera estadounidense, pese a no haber nacido en este país y tener un pasaporte mexicano. Pero, aunque aún no me sentía estadounidense, sí me sentía una ciudadana de Hyde Park.

Mi vecindario era un mundo pequeño donde comenzaba a encajar como la pieza faltante de un rompecabezas. Pero pronto una nueva experiencia estaba por demostrarme que había otras partes de esa ciudad grisácea donde también llegaría a sentirme como en casa.

Papá compró un coche.

CAPÍTULO 5

Fronteras invisibles

❦

Ahora que andábamos sobre ruedas, mis días entre semana estaban ocupados yendo y viniendo de la escuela y pasando tiempo con mis nuevos amigos en Hyde Park. No obstante, los fines de semana los pasaba en Pilsen con mis papás. El barrio de Pilsen, a más de treinta cuadras hacia el noroeste de Hyde Park, era el corazón del barrio mexicano en Chicago. Aunque en nuestro barrio había un supermercado local donde mamá compraba cosas básicas como cereal, enlatados y pan, los fines de semana mi mamá, mi papá y yo (aún era demasiado chica para quedarme con mis hermanos) conducíamos hasta Pilsen para hacer la compra importante. Fue ahí donde volví a oler el chicharrón caliente y donde reviví las imágenes y los sonidos de la cultura mexicana.

Chicago es una ciudad que ha sido definida por el racismo y la segregación. Todo el mundo sabía dónde estaba el límite para los vecinos y nadie se atrevía a cruzarlo. Si eras polaco, te quedabas en Bridgeport, el barrio polaco. Si eras ucraniano, te quedabas en el área ucraniana. Si eras negro, te quedabas en barrios negros como South Shore o Garfield Park. Si eras mexicano, te quedabas por la calle 18 en Pilsen.

El trayecto en coche era de por sí una suerte de pasaje desde el barrio multicultural, mayoritariamente negro y judío de Hyde Park, donde todos éramos distintos, hasta el barrio donde en todas partes hablaban español (y cuando digo en todas partes quiero decir en tooodas partes: en la calle, en las tiendas, en los salones de belleza, en los autobuses). Para llegar a la calle 18, mi papá nos llevaba por Lake Shore Drive en su larga camioneta verde que parecía un caimán.

En el camino pasábamos por una serie de edificios enormes grises y feos, proyectos públicos de vivienda como aquel donde vivía Lorraine. Aunque los edificios estaban junto al lago Michigan, con sus hermosos tonos turquesa y dorado, las ventanas daban al lado contrario. La gente que vivía en esos departamentos no podía siquiera asomarse al lago y disfrutar de la vista. La mayoría de quienes vivían en los proyectos de vivienda eran negros.

Una vez que dejábamos atrás Hyde Park y el sur de la ciudad, era casi imposible ver una persona negra. Podías ver algunas personas negras trabajando en el centro en la calle State o en la avenida Michigan, pero no había barrios residenciales en el norte donde viviera la gente negra. De niña, desconocía que lo que estaba detrás de eso era una política racista llamada *redlining*, que les daba a los políticos el poder de dividir la ciudad en barrios por colores. Las agencias de vivienda administradas por el gobierno federal dibujaban líneas rojas en los mapas alrededor de lo que consideraban vecindarios "indeseables" para indicar que eran de alto riesgo para los bancos de seguros y préstamos. No obstante, por lo general, los únicos criterios para marcar un vecindario eran la raza y los ingresos. Sin inversión ni recursos adicionales, estas comunidades, que estaban compuestas principalmente por negros y gente de tez morena, se vieron obligadas a valerse por sí mismas. Así es como la supremacía blanca afectó la vivienda en una de las ciudades más importantes del país, y todavía se puede ver su legado en Chicago y muchas otras ciudades de Estados Unidos hoy, a casi un siglo de que el gobierno creara el *redlining*.

Por lo general, mi papá giraba en McCormick Place y pasábamos a toda velocidad por un almacén gigante y un centro de convenciones hacia una zona industrial de Chicago en el lado oeste. Conducíamos a través de algunos pasos subterráneos, tomábamos una salida final a la izquierda y luego llegábamos a la calle 18. Pilsen no se parecía a ninguna otra parte de Chicago que yo hubiera visto antes. Era de un color gris monótono, prácticamente sin vida, y las cortinas y persianas de todas las ventanas estaban cerradas. Los edificios eran oscuros y muy bajitos, con solo uno o dos pisos.

Esto me impresionaba mucho. ¿Por qué las calles en Hyde Park eran amplias y limpias, mientras que las calles de Pilsen estaban sucias y llenas de basura? ¿Por qué tapaban las ventanas rotas en lugar de repararlas? ¿Por qué en uno de los únicos parques infantiles para la comunidad había un pasamanos viejo y oxidado? ¿Y por qué todos los que se veían y sonaban como nosotros vivían aquí?

Entonces no entendía que la basura, los edificios descuidados y la falta de parques seguros eran todos síntomas de exclusión y deprivación motivados por el racismo. Los legisladores del gobierno de la ciudad tomaron la decisión de abandonar una comunidad: al barrio mexicano. Estos líderes cívicos decidieron que "esa gente" no necesitaba calles limpias ni alumbrado público, porque a sus ojos los mexicanos y los estadounidenses de origen mexicano eran poco menos que humanos. Esto les permitió justificar la desigualdad y mantener los recursos donde querían que estuvieran: en los vecindarios para los blancos, cuyos votos eran lo que les importaba. Aquí es donde aprendes que involucrarte también significa votar, porque puedes usar tu voto para echar a los políticos que no te representan. En otras ocasiones, involucrarte significa protestar o llamar a tu diputado.

Luego de que papá encontraba dónde estacionarse, entrábamos a la tienda y el olor del chicharrón envolvía todo a su paso. Era como un superhéroe que te congelaba envolviéndote en el hielo, sólo que en mi caso el hielo era el olor del oscuro y crujiente chicharrón.

La tienda fue el primer lugar donde mi mamá me dejó explorar por mi cuenta, para así mantenerme ocupada mientras ella hacía la compra. Guardaban el chicharrón en una caja de cristal que mantenían caliente con focos de luz muy potente. Yo solía caminar hasta donde estaba el señor de la carnicería, que usaba siempre delantal y era panzón, para pedirle un pedacito de la crujiente piel frita de cerdo. Sonreía, metía la mano en la caja de cristal y me daba un pedazo de chicharrón. Eso siempre me hacía feliz.

A veces vagaba sin rumbo por los pasillos de la tienda, mirando los empaques de la comida con palabras que no podía leer porque estaban en español (con el tiempo me enseñé a leer en español a través de cómics). A diferencia del sombrío exterior del barrio, dentro de la tienda todo era color, color y más color. Había latas y frascos llenos de salsas y frutas y verduras, incluidos los chiles rojos, amarillos y verdes; bolsas con hojas de laurel secas, orégano y bastones de canela; galletas María y dulces de tamarindo; tortillas de todo tipo, de maíz y de harina. Éstas eran cosas que jamás había visto fuera de México, no digamos ya en nuestra tienda local en Hyde Park. En Chicago sólo era posible encontrarlas en la calle 18.

Cuando mamá entraba en la tienda, era una reina. Todo el mundo la saludaba: *¡Ay, señora, ¿cómo le va? ¿Qué le damos? ¿Qué va a querer hoy?* Le hablaban de usted, lo cual para mí era raro porque las personas con quienes yo hablaba español eran todas de mi familia y entre familiares no nos hablamos de usted.

A todo el mundo en la tienda le emocionaba ver a mi mamá. Mi papá nos esperaba en el coche mientras nosotras hacíamos la compra, ya fuera porque se aburría o porque se ponía ansioso, o quizá porque sabía que esa era una esfera donde mi mamá era la reina suprema. Tal vez la dejaba ser la reina, aunque también quizá se pusiera un poco celoso al ver a todos los hombres platicando y coqueteando con mi mamá. *¡Qué bonita se ve, señora! ¡Qué linda sonrisa tiene hoy, señora!*

Para mí era muy divertido ver a los hombres detrás de los mostradores interactuar con mi pequeña mamá, siempre en tacones y maquillada con ojos de gato. Cuando hacía su pedido, decía: "Deme doce rebanadas delgadas de bistec, tres libras de cerdo…". Siempre compraba mucha carne porque éramos seis en la familia y comíamos mucho. En el entorno en que mi mamá creció, comer carne era señal de privilegio.

Mamá también compraba ahí las salsas en lata que comíamos: salsa Herdez o Valentina o chiles chipotles. En aquel entonces casi nadie sabía qué era un chile chipotle, pero mi mamá compraba latas y latas de chipotle del color de un ladrillo quemado. Cuando era niña, esos chiles pegajosos y rojizos me intrigaban e incluso me resultaban un poco asquerosos. Nunca había visto comida de ese color en Estados Unidos. Cada vez que probaba algo con chipotle, me enchilaba como loca. A decir verdad, le tenía miedo al chile chipotle. Sabía que debía mantenerme alejada de él, pero al mismo tiempo soñaba con ponerlo en mis tacos y sándwiches como lo hacía mi mamá.

Nuestra última parada era la tortillería de al lado, un local independiente donde comprábamos docenas de tortillas que hacían tal como las hacían en México. Podía pedir una y la sacaban del papel con que las envolvían, me la daban calientita y la enrollaba entre mis manos para comérmela así nomás.

Nuestros viajes de fin de semana de Hyde Park a Pilsen eran una de las muchas experiencias que tuve como alguien que atraviesa fronteras. Comencé a atestiguar, aún sin entenderlo, las fronteras que la gente había marcado entre vecindarios, entre la gente. Mamá y papá, al parecer, tenían la capacidad de gravitar y cruzar estos sitios con bordes en una y otra dirección porque no les interesaba participar del racismo que nos rodeaba. Ya habían cruzado una frontera, así que para ellos los bordes eran umbrales que debían cruzarse, aunque resultaran intimidantes. Íbamos al centro. Íbamos al norte a visitar a los amigos doctores de mi papá. Íbamos al sur profundo hasta la calle 63, donde los pasajeros a bordo de los ruidosos trenes elevados nos miraban desde arriba. Cuando íbamos al aeropuerto Midway para recoger a algún tío o prima cruzábamos Cícero, donde por televisión había visto que la gente blanca se manifestaba gritando que la gente negra no era bienvenida ahí. Íbamos a Pilsen, donde todo el mundo hablaba español.

De algún modo teníamos la capacidad de ir y venir de estos lugares, pero no veíamos a nadie más cruzar estas fronteras invisibles. Nunca vi a nadie blanco en Pilsen, ni vi tampoco a ningún mexicano en la zona norte. Estas experiencias dejaron una huella en mi mente y en mi corazón. Hoy sigo cruzando fronteras. Como periodista, siempre voy a lugares nuevos y busco gente, comunidades e historias a las que nadie en el pasado ha querido llegar y a donde no creen pertenecer.

De niña aprendí, yendo de la tienda a la tortillería, de la tortillería a la carnicería y de la carnicería al sastre, que en Pilsen había una vida completamente mexicana. Me encantaba estar ahí sabiendo que mi casa en Hyde Park estaba tan cerca. No obstante, seguía molestándome que los dos barrios que más quería fueran tan distintos entre sí. ¿Por qué lucían tan diferentes si, en el fondo, eran lo mismo?

CAPÍTULO 6

Así luce la democracia

~~~∞~~~

Pilsen y el barrio mexicano eran un hogar para mí. Eran cálidos, acogedores. La escuela también se sentía así. A excepción de un incidente que jamás olvidaré.

En tercer grado tuve mi primera experiencia con una mala maestra. La señora Jaye tenía el cabello anaranjado-rojizo con gruesos rizos que acomodaba a ambos lados de la cabeza, lo cual la hacía parecer un poco al sombrero de un champiñón. Era muy alta y usaba faldas grandes y esponjadas que simulaban tener una enagua debajo. Siempre usaba una camisa de vestir blanca con botones y una falda que ceñía a la cintura con un cinturón, como si todavía estuviera en la década de los cincuenta. En realidad, era finales de la década de los sesenta y las mujeres quemaban sus sostenes como un acto de feminismo público.

La señora Jaye era todo lo contrario a la señora Turner. Mientras que la señora Turner era amorosa y cálida, y siempre me daba un abrazo, la señora Jaye era más bien como un refrigerador; no puedes abrazar a un refrigerador. También tenía su baño privado dentro del salón de clases al que accedía por una puerta lateral, y eso nos ponía muy ansiosos. Cuando se sonaba la nariz parecía que se tiraba un pedo muy largo.

Un día escuchamos que en nuestro barrio habría una manifestación en apoyo al movimiento de Martin Luther King Jr. y los derechos civiles. Lo que no sabía era que Bertha Elena (la primogénita, la hija que estuvo bajo la atenta mirada de mi padre en todo momento, la niña que siempre vestía con mucho estilo y que ganó el título a la niña más bonita de toda la secundaria) ya se había convertido en la joven activista social de la familia. Ella fue la primera en traer a casa esos valores y creencias. Ahora mi mamá había decidido que tenía que formar parte del evento para apoyar la causa, y si ella iba a protestar, también iríamos mis hermanos y yo.

Durante la década de los sesenta, las demostraciones como esta sentaron las bases para lo que hoy conocemos como el movimiento Black Lives Matter. Esta protesta era parte de la larga lucha por la justicia para la gente negra en Estados Unidos, que en mi opinión comenzó el día en que llegó el primer esclavo a esta tierra en 1619. El poder de ejercer tu derecho a la libertad de expresión según la Primera Enmienda protestando en las calles ha sido parte central de la historia de Estados Unidos desde la Revolución estadounidense.

Aquellos a quienes les importaban los derechos civiles y la igualdad sabían que apoyar esta manifestación de forma presencial era importante. Mi mamá, junto con muchas otras mamás, decidieron que ese día no iríamos a la escuela para poder asistir a la marcha. Quienes teníamos papás buena onda llevamos cartas para los maestros explicando el porqué de nuestra ausencia. Yo le di la mía a la señora Jaye, quien la leyó con un dejo de burla.

No recuerdo si la señora Jaye me dijo algo, pero sus cejas y labios fruncidos lo decían todo. A todas luces no aprobaba que una estudiante perdiera un día de clases por asistir a una protesta por los derechos civiles. Lo que la señora Jaye no entendía era que formar parte de un evento como ese me enseñaría mucho más sobre el mundo que cualquier cosa que pudiera aprender en su clase leyendo al respecto.

El día que mi mamá nos llevó a la protesta se convirtió en un momento crucial para mi familia. El activismo de mi hermana, y por añadidura el nuestro, ahora tenía el sello de aprobación de la mujer que manejaba nuestra casa, quien tenía la última palabra. La jefa del hogar nos enseñaba que la protesta era una tradición 100% estadounidense.

Por otro lado, a mi papá no le gustaba la idea de que su esposa y sus hijos formaran parte de una manifestación donde habría muchísima gente y donde podía ocurrir cualquier cosa. Varias personas habían sido asesinadas durante las protestas y la policía había golpeado, atacado con gas lacrimógeno y agredido a varios cientos de manifestantes. En cierta medida, creo que mi papá aceptaba los sentimientos antinegros que se repiten sistemáticamente en los medios: ideas que insinúan que los negros son criminales o flojos, mitos y mentiras que se inventan, ninguno de los cuales es verdad. Teníamos la impresión, lo dijera claramente o no, de que le parecía que ser parte de una manifestación donde casi todos eran negros no era adecuado para su familia.

Una persona puede tener ciertos prejuicios o creencias racistas porque ha crecido con ellos y se le ha hecho creer que debe aceptarlos como verdades, y porque tales creencias le son repetidas una y otra vez. En el caso de mi papá, pese a que lo habían maltratado por ser mexicano y haber experimentado la antinegritud y odiarla, los medios le llenaron la cabeza de historias que mostraban a los negros como un problema. Este tipo de racismo se aprende y se arraiga, pero no tiene por qué ser permanente. Muy pronto, papá conocería a su futuro mejor amigo en el sur de Chicago, lejos de su ciudad natal en México, Tampico. Se trataba un distinguido hombre negro llamado Jerry Morgan, y fueron amigos toda la vida. Afortunadamente, papi no murió aferrado a esas creencias racistas.

Nunca escuché a mis papás pelear por el asunto de la marcha, pero sabía que había opiniones encontradas al respecto. Mamá también ignoró a algunas de sus amigas blancas cuando la tildaron de ser una madre irresponsable por exponerse y exponernos a que nos dieran un disparo. En mi opinión, era súper *cool* que mi mamá quisiera participar.

La protesta se llevó a cabo a mediodía y estaba repleta de negros y aliados blancos. El reclamo principal eran los derechos civiles, pero marchamos y exigimos que terminaran la discriminación de vivienda y el *redlining*. Mamá estaba radiante y emocionada de estar ahí.

Me sentí pequeña entre tantos adultos, pero la pasión era

energía pura. La gente que habló durante el mitin era enorme, más grande que la vida. Jesse Jackson estaba ahí con su afro inmenso. La gente había hecho letreros con palos y cajas de cartón. Algunas personas llevaban campanas. Otras solo llevaban su furia y su voz. Haber sido parte de esa protesta fue una experiencia que me cambió la vida, como si de pronto me hubiera caído un rayo.

"¡No a la guerra! ¡Queremos paz!", todo el mundo gritaba al unísono. *Así que así se siente la democracia*, pensé. Y me gustaba. Me gustaba la energía colectiva de todo el mundo caminando codo a codo en un acto de solidaridad. Estar ahí llenaba el espíritu. Sentía que mi corazón iba a explotar, pero en el buen sentido, como una flor que se abre en lento y hermoso despliegue. Pese al miedo que tenía de que la manifestación diera paso a la ira y a la violencia, mi corazón se abría a esta experiencia de protesta. Sentí que podía confiar en la multitud, que toda esa gente me respaldaba y me cuidaría, algo que nunca antes había sentido. Me sentí feliz, parte del todo y emocionada. Me sentí escuchada.

Aún no era ciudadana estadounidense. Sin embargo, comprendí que no tienes que ser un ciudadano para formar parte de la democracia, e ir a protestas es lo que hace la gente en Estados Unidos. Marchar en las calles, en paz pero decididamente, es la forma en que expresamos nuestra postura frente a los asuntos que nos parecen importantes… y también es nuestro derecho democrático.

La política comenzaba a gustarme y también comencé a entender que no se trataba de algo que pudieras meramente mirar por televisión, sino algo en lo que podías participar activamente. Me enamoré de la posibilidad de usar mi voz, alta y fuerte, y se sentía bien gritar por aquello que me parecía correcto. El doctor Martin Luther King Jr. luchó por el amor y la compasión. Era claro que al otro lado de su lucha lo único que había era odio.

Las protestas se televisaron prácticamente todas las noches de 1968. Mi infancia como inmigrante en este país estuvo imbuida de la rabia que los estadounidenses tenían unos por otros. Había manifestaciones de poder negro contra el racismo sistémico y mujeres quemando sus sostenes en botes de basura para desafiar al patriarcado. Había protestas de paz en los campus de las universidades para oponerse a la guerra de Vietnam, protestas afuera de la Convención Democrática Nacional de 1968 y protestas solo de blancos y mítines nazis. Incluso los Beatles, la banda de rock más grande de Estados Unidos pese a que eran británicos, eran protesta pura: desde su forma de llevar la melena hasta su negativa absoluta de tocar frente a audiencias segregadas.

Escuché demasiados gritos y cantos de protesta cuando era niña. Me preocupaba y me asustaba. Cuando ves llegar a la policía con equipo antidisturbios para golpear a los manifestantes en la cabeza con garrotes simplemente por ejercer su derecho a la libertad de expresión, por supuesto que te preocupan las protestas. Piensas que así es como terminan todas: en violencia.

No fue sino hasta que mi mamá decidió llevarnos a la protesta en apoyo al movimiento de los derechos civiles que mi percepción sobre las manifestaciones cambió. La idea de un mitin político en mi pequeño vecindario, como los que había visto en televisión con decenas de miles de personas, me parecía lo más grande que jamás podría pasar ahí.

Para entonces, a mis hermanos y a mí jamás se nos permitía faltar a la escuela: jamás, nunca, de ninguna manera… a menos que tuviéramos fiebre. La decisión de mi mamá de no llevarnos a la escuela tenía que ver con sus nuevas amistades. Eran otras mamás blancas, negras, asiáticas y judías de Hyde Park. Luego de dejar a sus hijos en la escuela por las mañanas, varias se quedaban a socializar para comentar el clima político del momento. Mi mamá estaba aprendiendo en calidad de recién llegada a Estados Unidos. Estaba tomando conciencia tanto de sí misma como de la política.

Mi mamá era una mujer mexicana de piel clara con privilegios y estilo. Desde donde se lo viera, podía pasar por una mujer blanca de no ser por su acento tan marcado y su apariencia tan latina. No obstante, gracias a sus amistades negras, judías y feministas, estaba aprendiendo palabras tales como "discriminación", "racismo" y "feminismo". Sus amigas judías le dijeron que estaba bien vivir con alguien incluso sin estar casados, lo que hubiera resultado escandaloso en México. Rosa, la amiga negra de mamá, le contó sobre los lugares a los que no podía ir en Chicago debido a la segregación. Había lugares normales como restaurantes, tiendas y hoteles que no la admitirían como cliente regular solo por su color de piel.

Las historias que le contaban resonaban fuerte en mi mamá. Ahora podía poner en palabras algunas de las cosas que había visto con sus propios ojos: la forma en que la gente trataba a nuestra familia cuando nos alejábamos de Hyde Park, la evidente y dramática pobreza de Pilsen, los vecindarios completamente negros en el sur. Quienes soportaban este tipo de discriminación eran también nuestros amigos y vecinos. Era demasiado confuso.

Bertha Elena, que para entonces tenía quince años, llevaba meses asistiendo a las manifestaciones. En secreto, mi hermana se iba de pinta para ayudar a organizar manifestaciones con el Comité de Movilización de Estudiantes, la Unión de Estudiantes Negros y la Alianza de Jóvenes Socialistas en la escuela secundaria Kenwood Academy, que era un semillero para el activismo. Poco antes, uno de sus compañeros de clase, un estudiante negro, fue asesinado a tiros en el campus por un policía blanco. Este suceso movilizó a la escuela y a la comunidad en general como ningún otro. Mi hermana fue una de las activistas que ayudó a coordinar la respuesta organizando sentadas, boicots y reuniones masivas de padres de familia. Los estudiantes y los padres exigieron que la escuela brindara una educación de mayor calidad a los estudiantes negros, que ofreciera más cursos sobre la historia negra y realizara otras mejoras generales. A través de todos estos esfuerzos, terminaron cerrando la escuela entera por un día completo. Fue un acto de protesta que terminó en el arresto de veintidós estudiantes. Una de sus demandas insatisfechas fue que nombraran una sala en la escuela en honor a Fred Hampton, la Pantera Negra asesinada por el FBI. El evento cambió a mi hermana para siempre porque la conectó no sólo con su comunidad, sino también con movimientos de protesta en todo el mundo.

Bertha Elena ya había sido influenciada años antes, pero yo no me había dado cuenta. Entendía por qué la señora Rawls, una de nuestras maestras de primaria, se vestía de negro todos los días, incluidos los zapatos, las botas a la rodilla, las medias y el delineador negro para resaltar sus ojos de por sí oscuros y profundos; usaba una boina negra, así que resultaba obvio que apoyaba a las Panteras Negras. Las Panteras Negras tenían una filosofía sobre cómo entender lo que estaba ocurriendo en el mundo y, cuando Bertha era alumna de octavo grado de la señora Rawls, todas las noches hablaba de eso durante la cena.

La guerra entre Estados Unidos y Vietnam no estaba ocurriendo en ningún país lejano. La batalla sobre si Estados Unidos debía o no reclamar lo que reclamaba en Vietnam se libraba a tan solo unos pasos de mi casa. Si yo me sentía así a los ocho años, imagínate cómo se sentía mi hermana adolescente. Tenía amigos a cuyos hermanos mayores los enviaban a la guerra, jovencitos que no eran mucho mayores que ella y a quienes ponían en aviones rumbo a Vietnam para luchar en la guerra. La mayoría jamás regresaba. También conoció objetores de conciencia, quienes se negaron a ir a la guerra y escaparon a Canadá para librarse.

Haber asistido a la protesta con mi mamá y mis hermanos a los ocho años marcó mi nacimiento como un ser humano con conciencia política. Nunca dejaré de agradecerle a mi mamá por haberle escrito esa nota a la señora Jaye y haberme dado la oportunidad de ver cómo mi maestra se burlaba de mí. Sí, tenía miedo, pero me sobrepondría: a eso y mucho más.

CAPÍTULO 7

Echar raíces

❧❦❧

M ientras mi mamá iba integrándose a la vida en Estados Unidos, me daba la impresión de que mi papá se resistía. ¿Estaba dentro o fuera? A veces tenía la impresión de que se sentía frustrado, y su frustración brotaba de ciertas formas ridículas.

Papi odiaba las mascotas, especialmente a los animales que vivían dentro de las casas. Cuando digo odiaba quiero decir que *las odiaba*. Mi papá creció en un rancho y tenía la obligación de cuidar al ganado y a los caballos. Nunca pudo entender cómo era posible que la gente permitiera que un perro viviera dentro de su casa, mucho menos un gato. Nosotros, sin embargo, éramos niños de ciudad, y todos nuestros amigos tenían mascotas. También queríamos esa parte de la vida estadounidense. Ya que éramos cuatro e insistíamos bastante, un par de mascotas sí que lograron entrar a la casa.

Nuestra primera mascota fue un periquito azul claro que

se llamaba Benny y que tenía una personalidad extraordinari-amente adorable. A mi papá no le interesaba mucho al prin-cipio, pero había accedido a recibir a Benny porque un colega suyo se mudaba y no podía llevarlo con él. Papi no sabía decir que no. Al principio, Benny se la pasaba encerrado en su jaula a pesar de que su dueño anterior dejaba su jaula abierta todo el tiempo.

Yo creo con firmeza que los pájaros tienen personalidades individuales y que son portadores de una sabiduría profunda. Observamos cómo papá poco a poco caía rendido ante los encantos de Benny. Pronto, se le permitió vivir fuera de su jaula y podía volar libremente por todo el departamento. Lo que más le gustaba hacer era ponerse cerca de la estufa y pico-tear la sal de las tortillas que mi mamá calentaba en el comal todas las mañanas. Otra cosa que le encantaba era volar hacia mi papá y posarse en su hombro. De vez en cuando, aterrizaba de golpe en la cabeza calva de mi papá, a quien, sorprendente-mente, le encantaba. Estaba feliz de que este pájaro lo quisiera tanto. Era un claro indicio de que mi duro padre mexicano era en realidad un blandengue.

Y así empezó todo. Pronto, adoptamos a Nagoose, una gatita; no me preguntes de dónde salió ese nombre, pero Nagoose era una gran gata de familia. Le encantaba que la abrazaras y la cargaras por toda la casa, siempre y cuando no fueras mi papá. A diferencia de lo que ocurrió con Benny, papá nunca se encariñó con la gata.

Nagoose, como dicen por ahí, definitivamente tenía nueve vidas. Le encantaba sentarse en el marco de las ventanas y observar lo que pasaba en la calle. Un cálido día de verano en Chicago, Nagoose se sentó en el alféizar de la ventana y se apoyó contra el mosquitero que teníamos para que no entraran los mosquitos. El calor la adormeció y se quedó dormida con todo su peso empujado contra el mosquitero. De repente, el mosquitero se botó y Nagoose se despertó mientras caía por la ventana. De alguna manera, mientras caía por los aires desde el tercer piso, se dio la vuelta y aterrizó de pie. Esto hizo que los niños la amáramos más, pero papá estaba enojado.

Dado que Nagoose tenía ya un año cuando la adoptamos, teníamos que "operarla" —así se dice cuando esterilizas a un gato—. Es un procedimiento mediante el cual le quitan los órganos reproductivos para que no puedan tener bebés. Así que la mandamos a cirugía.

Nagoose volvió a casa con una enorme línea de puntadas en su barriga; no le gustaban las puntadas, ni la comezón, ni el dolor. Así que jaló del hilo con que estaban hechas las puntadas hasta que se abrió la panza por completo. Mamá tuvo que cargarla para cerciorarse de que sus intestinos no se regaran por todo el piso. Por fortuna, Nagoose sobrevivió, pero ahí se gastó otra de sus vidas. El asunto de las puntadas, comoquiera, fue lo último que papá soportó, y poco tiempo después mi papá regaló a Nagoose, aún con siete vidas por delante. En ese momento detesté a mi papá con todas mis fuerzas, pero no sabía qué hacer con todas mis emociones.

La gatita Nagoose y el periquito Benny fueron partes memorables de los años en que vivimos en nuestro primer departamento en Chicago. Teníamos un patio interior al frente del departamento donde mamá y yo mirábamos la tele y hacíamos nuestras rutinas de ejercicio al mediodía. Había una sala pequeña, la recámara de mis papás y un baño junto a la recámara. Mi hermana y yo compartíamos una pequeña habitación con dos camas. Luego había un pequeño antecomedor, la recámara de mis hermanos a un costado, la cocina al fondo y otro cuarto con su baño. Suena enorme con tantas recámaras, pero todo estaba muy apretado (y nos gustaba que fuera así). Uno encima del otro, ¡algo tan mexicano que me encantaba! Ya que el departamento era tan pequeño, se sentía más cálido y, de alguna manera, más conectado con México.

Durante los primeros años no podíamos volver a México para las vacaciones, así que celebrábamos Navidad en Chicago incorporando algunas de nuestras tradiciones mexicanas de forma privada. Cada año, para Navidad, mi mamá ponía un nacimiento enorme, el cual mostraba la escena del nacimiento de Jesucristo. Mi mamá pasaba horas creando nacimientos para exhibirlos en una vitrina de madera y vidrio que había en nuestro comedor. Nadie más en nuestro vecindario tenía pequeños niños Jesús, estanques falsos hechos de papel aluminio, ni árboles en miniatura con puntas de algodón para que parecieran espolvoreados con nieve fresca. Este ritual anual siempre se sintió como un secreto de nuestra familia en ese departamento.

Un día, a finales de 1969, mis papás salieron y yo me quedé en casa con mis hermanos. Muy rara vez salían así, solo cuando iban a comprar algo para nosotros. Algo estaba pasando. Luego comencé a escuchar que en español usaban mucho las palabras "departamento" y "condominio". Yo desconocía su significado hasta que nos contaron que habían decidido comprar un departamento. Querían tener una propiedad en Estados Unidos en vez de seguir rentando. No se trataba solo de una compra grande: era una forma de echar raíces. Tener una casa o un departamento transmitía la sensación de permanencia. Mi mamá convenció a mi papá de que nos mudáramos a Estados Unidos, y ahora lo convencía de adquirir una propiedad.

La primera vez que vi el departamento fue el día en que nos mudamos, la primavera de 1970. Todo se sentía enorme: con más de tres mil metros cuadrados, tenía cinco recámaras, una sala, un antecomedor y una cocina donde se podía comer. A diferencia de nuestro viejo departamento, donde las escaleras de la puerta trasera estaban a la intemperie, las escaleras de la puerta trasera en el nuevo departamento, que conducían directamente a mi habitación, estaban totalmente cubiertas.

Los olores de este edificio eran completamente diferentes. Nuestros viejos vecinos en la calle Cornell eran unos psicoterapeutas judíos australianos, una familia judía ortodoxa y una joven pareja polaca. Todos los días aprendía algo solo con subir tres pisos; ahora aprendería cosas nuevas. Nuestros vecinos del primer piso eran los Hans. Los niños hablaban inglés perfectamente, pero los papás no lo hablaban; cocinaban comida china tradicional todo el tiempo. En el segundo piso vivía una familia judía que se mantenía muy *kosher*, y en el tercer piso estábamos nosotros, la familia mexicana que hablaba español.

Nuestro departamento tenía un pasillo extendido; era tan largo que parecía una cuadra más en las calles de la ciudad.

Como era de esperarse, mis hermanos y yo lo veíamos como nuestra pista de carreras personal y todos los días corríamos por ahí hasta las habitaciones traseras donde dormíamos, con vista a un típico callejón de Chicago. Varias veces al día durante todo el tiempo que vivimos ahí, así lo recuerdo, mi papá nos pedía que dejáramos de correr.

La mejor parte era que por fin tenía mi propia habitación al fondo; no obstante, también me daba un poco de miedo. Me gustaba compartir recámara con mi hermana; me daba acceso a todo cuanto ella era: su estilo, su maquillaje, su música, su cerebro. Ahora tenía su propia habitación con baño privado, que mis papás decidieron renovar en un estilo moderno en blanco y negro con una alfombra de pelo largo. Su recámara también tenía muchos espejos, lo cual era muy típico de los setenta: un sueño de la decoración estadounidense si te gustaba la joyería ostentosa.

En contraste, mi habitación tenía un papel tapiz floral en tonos rosa y durazno pastel. No me molestaba, pero tampoco me gustaba; había demasiadas flores en las cuatro paredes, pero al menos ese espacio era totalmente mío. Tenía los mismos muebles que tenía en mi habitación anterior porque no teníamos dinero para comprar otros nuevos. Por mucho tiempo, me avergonzaron los viejos muebles de madera de mi habitación porque mis amigas judías ricas tenían recámaras de lo más modernas. Eso no me iba a pasar a mí, al menos no por un tiempo. Cuando tenía trece años, me dieron una cómoda nueva como regalo de graduación al terminar el octavo grado.

También teníamos un porche en la parte trasera de mi habitación, al lado de la escalera que daba al callejón, pero se estaba cayendo a pedazos cuando compramos el departamento, así que nunca pudimos salir. De vez en cuando, lo más que podíamos hacer era abrir la chirriante puerta de aluminio. Al otro lado del callejón había un edificio de habitaciones de ocupación sencilla, que es un tipo de vivienda construida para personas de bajos recursos. Las habitaciones son pequeñas y los inquilinos a menudo comparten cocinas y baños comunes. El lugar era completamente distinto de nuestro departamento y, sin embargo, estaba al otro lado del callejón. Muchas de las personas que vivían en esas habitaciones de ocupación sencilla tenían discapacidades o problemas mentales.

A menudo me asustaban las cosas que escuchaba y veía por la puerta trasera: era como un portal a una zona misteriosa y secreta de Hyde Park. Una noche vi a una mujer parada en su camisón mientras un hombre le gritaba. Otra noche escuché a un niño llorando por horas y a nadie parecía importarle. No le dije a nadie lo que vi ni lo que escuché, pero pasé mucho tiempo con la puerta abierta, pensando en las vidas al otro lado del callejón. Escuché sonidos tanto de soledad y de tristeza como de fiestas salvajes.

Aunque ahora mi familia tenía los medios para vivir en este departamento, todo esto llegó con mucho sacrificio de por medio. El discurso oficial de mis papás era: *Tenemos suficiente dinero para comprar esta casa bonita, pero no pidan nada más porque no está en el presupuesto. No hay ropa nueva, zapatos nuevos, nada nuevo.* Estábamos por embarcarnos en un programa de austeridad que parecía eterno: nunca había dinero para comprar nada extra o *cool*, solo lo necesario.

El otro rasgo distintivo de nuestro nuevo departamento palaciego, y lo que convenció a mi papá de comprarlo, era una habitación transformada en biblioteca con libreros en las cuatro paredes. Ahora papá tenía su estudio propio, y esa fue en gran parte la razón por la que se animó a comprar un departamento en una ciudad y un país con el que no estaba totalmente comprometido y donde no le resultaba del todo cómodo vivir. Las únicas cosas con las que estaba cien por ciento comprometido eran su familia y su microscopio electrónico. Pero ese espacio era importante para mi papá: era como si el hecho de tener su propia biblioteca reafirmara su inteligencia y su genio en Estados Unidos.

Un par de repisas estaban dedicadas a libros en español provenientes de México. Otras estaban llenas de álbumes de fotos familiares. Había una dedicada a la colección de *National Geographic* que mi papá había comenzado en México: todas las revistas estaban acomodadas en perfecto orden cronológico. Cuando éramos niños siempre nos animaban a tomar una de esas revistas, hojearlas cuidadosamente y luego devolverlas al lugar exacto del que las habíamos tomado. También teníamos la World Book Encyclopedia, un símbolo de estatus a medida que avanzas por el mundo, que ocupaba dos repisas completas. Luego estaban los libros de medicina de mi papá que aprendí a no mirar nunca, porque tenían fotografías de enfermedades como las paperas y huesos rotos, que me aterrorizaban.

Los dueños anteriores eran de Irán y habían renovado recientemente el departamento. Al parecer, eran muy ricos y tenían un sentido del estilo que nos resultaba muy exagerado.

Parte del acuerdo al venderles el departamento a mis papás era que no iban a pintar inmediatamente sobre ningún empapelado. Uno de los grabados estaba inspirado en un famoso tapiz que se exhibía en algún museo importante, y los dueños anteriores no soportaban la idea de que lo arrancaran. El papel del comedor, en teoría, era una reproducción de los jeroglíficos egipcios. El papel de la sala estaba salpicado de oro y el de la cocina parecía una explosión de flores con colores brillantes y vertiginosos. Los visitantes decían que las paredes les daban dolor de cabeza con solo mirarlas.

Aunque nunca entendí del todo nuestra situación financiera, sabía que comprar una casa suponía algo muy grande que entrañaba mucho esfuerzo. Estaba muy orgullosa de mis papás por haberlo logrado. También me dio tranquilidad saber que ya no tenía que preocuparme por tener que dejar Chicago algún día. Cada vez que íbamos a México, a mis papás los asaltaba la duda de si no tendrían que estar criando a sus hijos en México en vez de criarlos en Estados Unidos. *¿No es mejor para ellos estar rodeados de su familia? Mira la cultura que nos estamos perdiendo. Ahora que tenemos la capacidad de valorar a México a la distancia, ¿no deberíamos ofrecerles esto a los niños?*

La compra de la casa lo dejó todo muy claro para mí: no regresaríamos a México en el corto plazo y no nos iríamos a ningún otro lugar tampoco. Nuestra familia estaba echando raíces de una forma permanente que me hacía sentir bien. Mi mamá y mi papá eran dueños de este departamento. Era nuestro. Eso también quería decir que Hyde Park era mío. Chicago era mío. Mi vida estaba ahí, donde estaban Lorraine y la señora Turner, Emmett y Elizabeth, Susie y Derek, Pilsen y la primaria Bret Harte, y donde estaban también todos mis amigos, maestros y vecinos. Estaba justo donde tenía que estar, en Chicago, y se sentía bien, aunque a veces nuestro corazón estuviera en otra parte.

CAPÍTULO 8

Una iglesia diferente

ntes de mudarnos al nuevo departamento, teníamos un televisor en la sala. Se trataba de un televisor enorme en blanco y negro, empotrado en un tosco marco de madera. Tener un televisor era todo un acontecimiento, puesto que significaba que tu familia tenía algunos ingresos adicionales. Los televisores eran un objeto de lujo, no cualquiera podía tener uno. Pero si querías saber qué estaba ocurriendo en el mundo y en qué iba la cultura pop, tener la posibilidad de poner el *show* del momento era esencial.

Dado que solo teníamos un televisor en casa, mi papá básicamente decidía qué podía verse y en qué momento. Solíamos mirar la tele juntos. En una ocasión, la familia completa se sentó a ver *La novicia voladora*. Así es, existía un programa que se llamaba *La novicia voladora* protagonizado por una joven Sally Field. El hábito que usaba le daba el poder de volar, ¡una monja católica divertida! (Quizás esto lo diga todo sobre los últimos años de la década de los sesenta).

Otros *shows* de los que era fan cuando tenía como ocho años eran *Los locos Addams*, *El show de Andy Griffith* y *El show de Dick Van Dyke*. En una ocasión nos reunimos por la noche en torno al televisor mientras cenábamos y vimos cómo Ed Sullivan entrevistaba a los Beatles en su programa. Me enamoré de Ringo porque era el más *geek* y el menos popular de los cuatro. A mi papá esto no lo hacía feliz, desde luego. La idea de que las niñas tuvieran *crushes* con niños era para las niñas estadounidenses y, según él, yo no era una de ellas.

Momentos como ese me hicieron sentir que estaba al tanto de lo que ocurría en este país. La televisión convocaba a la gente, la reunía: los programas de tele, sobre todo los más populares, eran como fiestas a las que todo el mundo quería ir. Incluso si no tenías televisor en casa, conocías a alguien que sí lo tenía. Tenías que ser paciente dado que la mayoría de los programas se transmitía solo una vez por semana. Te pasabas la semana entera contando los días para que saliera el siguiente episodio de tu programa favorito, y te cerciorabas de verlo a la hora indicada. No había forma de poner pausa y regresar por si te perdías de algo; así era. Al día siguiente de que el episodio salía al aire todo el mundo hablaba de lo que había pasado en el programa, y eso te hacía sentir más conectado con los demás, como si tuvieras algo en común con ellos, incluso si solo se trataba del momento en que vieron lo mismo al mismo tiempo. La entrevista de los Beatles con Ed Sullivan fue uno de esos momentos.

Los *shows* de televisión se trataban de gente, sobre todo de hombres blancos que hacían todo tipo de cosas interesantes. Supongo que nosotros debíamos aspirar a ser como ellos en tanto que eran el único modelo a seguir que veíamos en la tele. No tenía forma de comprenderlo en ese momento, pero sabía muy dentro de mí que yo no formaba parte de Estados Unidos porque en esa caja jamás aparecía nadie como yo ni como mi familia: no había mexicanos, ni latinos, ni inmigrantes. Los dramas de televisión y las comedias eran para los hombres blancos, sus colegas de trabajo y sus familias.

Más o menos en esa época, dejé de hablar español en casa. Mis papás seguían dirigiéndose a nosotros en español, pero nosotros les respondíamos en inglés. Esto no les hacía ninguna gracia y hacían todo cuanto podían por que siguiéramos hablando español, pero no había forma de lograrlo. Éramos cuatro niños contra dos adultos, así que ganamos los niños.

Pese a la influencia americanizante del televisor, luego de mudarnos al nuevo departamento mi papá cedió y le permitió a mi mamá que comprara otro televisor más pequeño para la cocina y el comedor, el lugar donde pasaba gran parte de su tiempo haciendo tareas como cocinar y doblar ropa. Con un televisor ahí, podría entretenerse mientras hacía el quehacer. Mis papás llevaron a cabo una investigación muy profunda para averiguar cuál era el mejor modelo de televisor disponible y al final se decantaron por un Sony Trinitron a color. Mis papás se llevaron el enorme televisor en blanco y negro a su habitación, y el televisor a color de la cocina pasó a estar encendido todo el tiempo. En este punto nosotros, los niños, pudimos opinar un poco más sobre qué programas sintonizar (en ese entonces solo había unos pocos canales y los televisores tenían perillas grandes que girabas manualmente para cambiar el canal). Esto fue antes de que existiera la televisión por cable, así que no existían programaciones de 24 horas y la mayoría de los canales salían del aire durante toda la noche y a veces, incluso, durante largos periodos del día.

Mamá solía llegar a casa por la tarde, luego de su trabajo como voluntaria, y a las cuatro en punto ponía las noticias locales. Yo las miraba con ella mientras hacía mi tarea sentada a su lado. Ahí comprendí la diferencia entre las noticias locales y las noticias nacionales. Sabía, sin embargo, que este país era mío solo parcialmente: vivía aquí pero no era ciudadana, un hecho que jamás logré apartar de mi mente.

Quienes daban las noticias en canales nacionales eran todos hombres. Sus nombres eran Walter Cronkite, Harry Reasoner, Garrick Utley, John Chancellor. Todos blancos, por supuesto. Los periodistas y los medios de comunicación eran reverenciados en nuestro hogar como celebridades de primer nivel. Mis papás le conferían un valor estratosférico al hecho de estar informados y ver las noticias, y el rol de la televisión para estar informado era esencial. Yo creo que tenía que ver con el hecho de que el inglés no era el idioma nativo de mis papás, y que no se habían criado leyendo en inglés; por lo tanto, ver y escuchar a los presentadores de noticias en televisión les funcionaba mucho mejor que leer el periódico.

Además, el momento histórico que vivíamos era muy envolvente en términos visuales. Circulaban muchos videos sobre la guerra de Vietnam y las protestas contra la guerra, algunas felices y otras llenas de ira, en ciudades grandes como Chicago, Nueva York y Washington, D.C. Había marchas por los derechos civiles, como aquella a la que fui yo, y protestas de mujeres donde exigían no solo ser vistas y escuchadas, sino también que las leyes de este país protegieran su cuerpo y su trabajo. Era extraordinario, pero no era la primera vez que las mujeres estadounidenses se aglomeraban para exigir lo que les correspondía. La acción colectiva de las sufragistas a principios del siglo XX allanó el camino para que las mujeres (blancas) aseguraran el derecho al voto en 1920 con la aprobación de la Decimonovena Enmienda.

Los últimos años de la década de los sesenta y los primeros de la década de los setenta supusieron también una época de cambios en cuanto a los valores culturales. Muchas personas, sobre todo los adolescentes y los adultos jóvenes, cuestionaban la autoridad y la moral de la generación de sus padres. La sociedad comenzó a desplegar una mentalidad más abierta y aceptó la experimentación en todo tipo de campos y áreas de la vida. Cientos de miles de jóvenes se dirigieron en hordas a Bethel, un pueblo tranquilo al norte de Nueva York, para asistir a un épico festival de música llamado Woodstock que prometía "Tres días de paz y música". La gente asistió con *tie-dye* y flecos. Todo esto también estaba transmitiéndose en las noticias.

Yo quería estar en ese set de televisión, visitar esos lugares que se mostraban en las noticias. Quería verlo todo con mis propios ojos. A pesar de que nunca lo dije en voz alta, pensaba que esos hombres que lograban convertirse en periodistas tenían trabajos súper *cool*. En ese entonces, prácticamente no había mujeres periodistas. ¿Te imaginas no ver jamás a una sola mujer periodista? Eso me hacía pensar que quizá las mujeres no podíamos desempeñar ese tipo de trabajo.

Los domingos pronto se convirtieron en el día de televisión más importante en mi casa. Al principio íbamos a misa los domingos, pero eso no duró mucho porque mi papá era científico y mi mamá no era una creyente tan ferviente. Luego de que a los siete años hiciera mi primera comunión, un importante rito iniciático de la religión católica, dejamos de ir a la iglesia. En lugar de asistir a misa, veíamos *CBS Sunday Morning* y *60 Minutes* todos los domingos: nuestro nuevo tipo de Iglesia.

Por chistoso que pareciera, *CBS Sunday Morning* se transmitía siempre después de un sermón televisado. Charles Kuralt, el primer presentador del programa, llevaba a los televidentes a lo largo y ancho de Estados Unidos con sus increíbles reportajes. Como era todavía muy pequeña, aún no conocía gran parte del país, y esto me ayudó a verlo y aprender más sobre él. La narrativa del programa, que tenía como hilo conductor las historias humanas, me hacía sentirme incluida porque dejaba al descubierto que había gente poco convencional que vivía en este país, diferentes pero iguales, tal y como ocurría en Hyde Park.

Los domingos por la noche, la típica comida familiar de pechugas de pollo empanizadas, macarrones con queso y ejotes con chipotles o jalapeños en escabeche, venía siempre acompañada de más periodismo. Mientras cenábamos todos juntos a la mesa, veíamos *60 Minutes*. Durante este ritual semanal, nadie hablaba ni interrumpía de modo que pudiéramos escuchar todas y cada una de las palabras con que se narraba el reportaje. *60 Minutes* había ganado reconocimiento como un programa de periodismo de investigación valiente donde se hacían preguntas difíciles (y se exigían respuestas) a personalidades importantes. El programa era respetado porque aspiraba a hacer que el gobierno y quienes tenían el poder rindieran cuentas al pueblo.

Los periodistas de *60 Minutes* eran valientes y alzaban la voz en nombre del pueblo. Cuando alguien con quien querían hablar se negaba a darles una entrevista, hallaban otras maneras de acercarse a dicha persona. Detenían a los líderes en medio de la calle o les caían inesperadamente afuera de su casa y los presionaban con preguntas o bien les leían las cosas terribles que habían declarado. *60 Minutes* me inspiró. Comenzaba a entender que el periodismo, desde su trinchera libre e independiente, era otro pilar fundamental de la expresión democrática.

¿Conoces el dicho "la información es poder"? Lo que aprendí viendo la televisión me ayudó a darme cuenta de que podía involucrarme con aquellas causas que consideraba importantes. La televisión nos contó sobre César Chávez y Dolores Huerta, los activistas mexicoestadounidenses que organizaron una huelga en California contra los bajos salarios y las malas condiciones laborales de quienes trabajaban en el sector de la uva. Ellos pidieron que se boicoteara el negocio de la uva hasta que sus empleadores cumplieran con sus exigencias. En un acto de solidaridad con estos granjeros, mi familia dejó de comprar uvas de inmediato.

El movimiento ambiental comenzaba a generar conciencia sobre la contaminación y las especies en extinción. La gente solía aventar basura a la calle todo el tiempo; había un montón de basura junto a un edificio abandonado a tan sólo cincuenta pasos de nuestra casa. Los defensores del medioambiente hablaban sobre la necesidad de que todos redujéramos nuestros desechos y mantuviéramos sano el planeta. Pronto comencé a escribir cartas a favor de las causas ambientales y de la protección de los lobos y las ballenas en peligro de extinción. Y también recogimos toda la basura de nuestro callejón.

Entonces no sabía que tanto *CBS Sunday Morning* como *60 Minutes*, los dos programas que religiosamente veíamos los domingos en familia, terminarían convirtiéndose en pilares de mi vida como periodista. Jamás me imaginé que algún día sería capaz de seguir los pasos de esos periodistas para consolidar mi carrera. Cuando eres niño es imposible saber si algo que haces porque te resulta divertido o interesante terminará sembrando en ti la semilla de aquello en lo que te convertirás cuando seas grande. Pese a que jamás vi a nadie como yo hacer el trabajo de un periodista, algo dentro de mí se enamoró de la idea y plantó una semilla que rindió sus frutos más adelante. ¡Tremenda semilla!

El camino hacia el sur

※

La tele no era solo para ver las noticias; también aprendíamos sobre la cultura estadounidense. En *La tribu Brady* era normal tener un solo padre o madre. Veíamos más mujeres que trabajaban fuera de casa. También aprendí esto gracias a la televisión: Todas. Las. Familias. PELEAN.

En nuestra familia había algunos disparadores predecibles que siempre provocaban una discusión. La mayoría tenía que ver con el deseo cada vez más grande de mamá de trabajar fuera de casa. Todo el mundo reconocía que trabajaba duro en casa haciendo el quehacer, lavando, limpiando, cocinando y cerciorándose de que todo estuviera siempre en orden. En México decimos que las mujeres manejan la casa, o sea que una casa es como un coche. Para entonces yo tenía ya ocho años, a punto de cumplir los nueve, y podía caminar a la escuela con mis hermanos. Ni siquiera volvía a casa para comer todos los días porque ya tenía amigos en la escuela. Mi mamá quería hacer más que quedarse en casa todo el día: quería un trabajo fuera de casa. Para mi papá, esto no formaba parte del trato que habían hecho al casarse según los roles y valores tradicionales masculinos y femeninos en México. Hubo muchas discusiones en torno a esto y en algún momento decidieron ir a terapia de pareja para resolver todas estas diferencias.

También había discusiones por la ropa que se ponía mi hermana. Corría la década de los setenta y las minifaldas estaban de moda. Peinarte de raya en medio para que la mitad de tu cabello cayera en cascada sobre uno de tus ojos era el último grito de la moda. Ambas cosas molestaban y hacían enojar a mi papá. Mi hermana tenía ya quince años, y por supuesto que mi papá no quería que tuviera absolutamente nada que ver con chicos. Obviamente, esto no la detuvo; estamos hablando de la misma hermana que había botado la escuela para organizar manifestaciones de protesta.

No entendía por qué mi papá se sentía tan ofendido por las mujeres de la familia, pero comenzaba a darme cuenta de que papi tenía una perspectiva muy rígida en cuanto a asuntos de género. ¿Por qué tenían que pelear por lo que mi hermana se ponía o por los novios que pudiera o no tener? ¿Por qué no simplemente confiaba en ella del mismo modo en que confiaba en mis hermanos? Los hombres y las mujeres no recibían el mismo trato en las familias mexicanas. Desde la perspectiva de mi papá, una hija debía hacer todo cuanto su padre le indicara que hiciera. Que mi hermana se atreviera a responderle era también una cosa estadounidense para él.

Había un disparador infalible que siempre detonaba una

pelea familiar. Ocurría una vez al año, siempre el mismo día, al comienzo de nuestro viaje anual a México. Mi papá nos llevaba a los seis a la Ciudad de México y la pelea giraba siempre en torno a la cantidad de equipaje que podíamos meter en la camioneta larga y verde que mi papá cuidaba como si se tratara de un recién nacido.

Nuestra familia mexicana estaba llena de consumidores que ansiaban los últimos productos estadounidenses, así que nosotros les llevábamos sus compras desde Estados Unidos y a cambio obteníamos siempre una gran pelea familiar. Para mi papá, todo se resumía en *¿Cómo te atreves a poner en riesgo mi preciadísima posesión al llenarla de cosas tan ridículas?* Mientras tanto, mi mamá se empeñaba en meter al coche tantas cosas como fuera posible, incluso de contrabando, como si se tratara de las piezas de un rompecabezas. Por contrabando me refiero a una computadora o a una licuadora. Era ilegal que los mexicanos adquirieran artículos hechos en Estados Unidos sin pagar impuestos estratosféricos. Mi mamá era capaz de meter una computadora en una funda de almohada y simular que dormía sobre ella mientras cruzábamos la frontera con México.

Exasperado, mi papá amenazaba "Pues no voy. No voy a México. Descarguen el coche: bajen todo y súbanlo de regreso al tercer piso. No voy a ir. Si insistes en llevar esa última maleta, que bien podría causar que el mofle raspe las carreteras llenas de baches de México y dañe el auto, entonces no podemos ir. Berta, estás llevando las cosas al límite. ¡Ya no tengo paciencia para esto! No soporto más cargar todo esto para todo el mundo.

Estoy harto de ser el animal de carga, el burro de toda la gente que quiere estas cosas. ¡No las necesitan!".

Llegado este punto, mamá nos pedía que nos acomodáramos en el coche como si estuviéramos a punto de salir. Yo siempre lloraba. En realidad, todos sabíamos que iríamos a México. De hecho, mi papá era quien más ansiaba ir, y era también la persona que más amaba conducir en el mundo. Se trataba de un viaje de más de dos mil millas. Conducía ocho horas al día y llevaba a su familia a través de Estados Unidos hasta llegar a su patria. Era nuestro guía, nuestro protector, el líder de la manada, el rol que le fascinaba jugar. Pero también adoraba su coche: cualquier cosa que pusiera su coche en riesgo era una fuente de tensión.

Invariablemente echábamos a andar y en noventa minutos, tan pronto salíamos de la ciudad, yo pedía la bolsa de mareo para vomitar. Ahí conocí la palabra "psicosomático": cuando una afección física es producto no de factores externos como un virus o un accidente, sino de la mente misma debido al estrés o a la ansiedad. Mi familia me decía que era psicosomática porque mi cerebro le decía a mi cuerpo que vomitara, lo que hacía una o dos veces y luego ya me sentía bien. Era justo lo que necesitaba para aliviar el estrés de la pelea familiar para luego emprender el gran viaje anual. Toda la familia se burlaba y se reía de mí, excepto mamá, quien sostenía mi cabeza sobre la bolsa de plástico mientras vomitaba. De verdad me sentía mal y odiaba que se rieran de mí. Desconocía el término entonces, pero estaba manejando la ansiedad a mi manera.

Para cuando mi sesión de vómito llegaba a su fin, por lo

general estábamos en el sur de Illinois y luego atravesábamos St. Louis, Missouri, la siguiente gran ciudad en nuestra ruta. Miraba por la ventana y contemplaba el enorme Arco Gateway mientras pasábamos por ahí. En muchos sentidos, fui muy afortunada al tener la oportunidad de viajar en automóvil por el corazón de Estados Unidos.

Parábamos en cafeterías y gasolinerías en el camino para comer y llenar el tanque. Al final del día nos estacionábamos en algún Holiday Inn o en un Best Western. Si corríamos con suerte, tenían tele a color y alberca. No teníamos tiempo para nadar y, además, era diciembre, pero nos sentíamos muy *cool* con una alberca al lado.

Mis papás iban a la recepción del hotel para hacer el registro y solían decir que solo había dos niños, ya que estos hoteles cobraban por persona. Los dos niños no declarados, entre los cuales siempre estaba yo, teníamos que escondernos en la parte trasera de la camioneta para que no nos viera nadie. Una vez que la costa estaba despejada, corríamos a nuestros cuartos. A veces nos daban dos habitaciones interconectadas o adyacentes la una a la otra. En otras ocasiones, si andábamos muy cortos de dinero, nos amontonábamos todos en una sola habitación llena de catres.

Un asunto sobre el que mis papás eran inflexibles era el respeto por todo tipo de personas con quienes nos cruzábamos o interactuábamos durante el viaje. Chicago era la segunda ciudad más grande de Estados Unidos, después de Nueva York y por encima de Los Ángeles, y como niños de ciudad asumíamos que éramos más sofisticados que todos los demás.

Viajando por el centro de Estados Unidos, la mayoría de las personas con las que nos encontrábamos eran blancas y hablaban con un marcado acento sureño. A todos nos costaba trabajo entenderles, pero nosotros, los niños, finalmente comprendíamos lo que decían. A veces también tenían problemas para entender a nuestros papás. A menudo teníamos que traducir para mi mamá y mi papá, como la vez que nos detuvimos en una caseta para pagar el peaje y mi papá le preguntó a la señora de la caseta si sabía dónde estaba la gasolinería más cercana. "*Can you tell me, please, where is the nearest gas station?*", preguntó papá. Pero por la forma en que lo dijo, sonaba más a: "*Coood chu pleeze tell miiii querrr ees da neeeeeerest gases estatione?*".

La señorita solo respondía, con su inglés de acento sureño, "Disculpe, ¿qué?" una y otra y otra vez. En esta ocasión en particular, no entendía a mi papá debido a su acento. Después de un rato alguno de nosotros le gritó en inglés desde la parte trasera del coche, "¡Que dónde está la gasolinería más cercana!", y luego todos nos reímos y quizá mi papá se sintió mal por su marcado acento mexicano.

Una vez, en Texarkana, desayunamos a primera hora de la mañana en el restaurante del motel. La mesera que nos atendió hablaba con un pronunciado acento sureño. Cuando se acercó a tomarnos la orden, todos los niños, a excepción de mi hermana, ordenamos imitando su acento. La gente se había burlado de mi papá durante tanto tiempo que de alguna forma pensé que era apropiado hacerle eso a otra persona. Mi mamá y mi papá no estuvieron de acuerdo. Tan pronto terminamos de desayunar, mi mamá, furiosa, nos pidió que esperáramos afuera.

—¿Qué pasó? —preguntamos en *shock*.

—Pónganse el abrigo y los guantes, y esperen afuera. Se van a quedar ahí hasta que terminemos de desayunar. Esa no es forma de tratar a la gente. Uno no se burla de los demás solo por la forma en que se expresan. Eso no lo vamos a tolerar.

Esto me enseñó una lección que nunca olvidaré. Nuestros papás no nos permitían burlarnos de la gente blanca que encontrábamos en el camino. Ellos sabían que nosotros, como inmigrantes, habíamos sufrido las burlas de los demás por mucho tiempo. Sin embargo, no alimentaríamos ese ciclo vicioso en el que destrozas a los demás solo porque son distintos a ti. Ellos no lo permitirían. Hoy día, los muchos acentos a lo largo y ancho de Estados Unidos me fascinan.

A medida que avanzábamos, cruzábamos ciudades cuya existencia era desconocida por la mayoría de la gente en Chicago. Fuera de Chicago, solo veíamos gente negra tras bambalinas: trabajando en posiciones de servicio tales como ascensoristas o porteros. Y en Texas, las pocas personas que se parecían a nosotros trabajaban siempre en una cocina. Esto me dejó muchas preguntas sin resolver: ¿por qué las personas no blancas parecía desaparecer en otros estados? ¿Dónde estaban aquellos negros o morenos que no estaban en posiciones de servicio? ¿Cómo era posible que las enormes carreteras que conectaban el norte con el sur no capturaran estos rostros y estos lugares?

De todas las regiones por las que cruzamos, Texas era la

más pesada porque era el estado más largo, plano y recto. En México, al menos, cada tanto veías algún animal atropellado. Pero no en las carreteras de Texas. Tampoco había muchos anuncios en el camino, así que ni siquiera podíamos jugar al alfabeto: mis hermanos y yo completábamos el alfabeto con lo que leíamos en los anuncios y en las placas de los coches. Texas era la nada absoluta por millas y millas. Nos aburríamos tánto.

Era entonces cuando mi hermano comenzaba a lanzar bombas de pedos. El resto de los niños alertábamos a los demás imitando el ruido de las sirenas, "wuuu, wuuu, wuuu". Como siempre viajábamos a México durante las vacaciones de diciembre, hacía demasiado frío afuera como para bajar las ventanas. No teníamos más remedio que lidiar con estos ataques apestosos en nuestras narices, así que lo hacíamos con humor. No éramos grandes eructadores (aunque mi hermana era la reina de los eructos), pero éramos grandes pedorros. Esto divertía muchísimo a mi papá. Así es: el científico serio al que le encantaba pasar su tiempo estudiando moléculas se reía de manera incontrolable de cualquier cosa que tuviera que ver con los pedos. La flatulencia se convirtió en nuestro antídoto contra las aburridas carreteras texanas.

Cruzar la frontera hacia México siempre era fácil. Nunca nos registraban, ni nos etiquetaban, ni nos atacaban como lo hacían los agentes de inmigración de Estados Unidos. Mis hermanos y yo gritábamos y aplaudíamos de alegría cada vez que pasábamos frente al viejo puesto de control de inmigración del tamaño de una caseta que representaba la entrada oficial a México. Aquí, los funcionarios de inmigración simplemente hacían señas a todos los autos para que pasaran. Me encantaba entrar a un país que siempre confiaba en nosotros.

Habiendo cruzado la frontera, las estaciones de radio cambiaban y eso me hacía sentir un poco ajena. Me emocionaba ir a México, pero era consciente de que el viaje venía acompañado de otras cosas. Por un lado, mis primos y mis tíos me molestaban por ser una chica gringa; por el otro, me abrazaban y me apapachaban sin fin junto con mis abuelos. A esas alturas, los olores y sabores de mis platillos mexicanos favoritos comenzaban a rondar mi cabeza.

Sin embargo, seguía permeando el ambiente cierto aire impredecible producto de sumergirme en un mundo que era un caleidoscopio de colores, gente y nuevas experiencias, una sensación inestable y nada comparable con la pulcritud de Estados Unidos. Aunque estaba súper emocionada, al escuchar los programas de radio en español de pronto me invadía cierta añoranza por las estaciones de R&B que escuchaba en casa. El hecho de sentirme así me preocupaba: ¿por qué extrañaba la cultura pop estadounidense? ¿Esto me convertía en una vendida?

En una ocasión, al norte de México, cerca de Chihuahua, un grupo de hombres armados nos detuvo en una carretera vacía. Parecían soldados, pero no del todo. Papá nos dijo, con voz preocupada, que no dijéramos una sola palabra y que mantuviéramos la calma. Bajó la ventanilla y habló con una severidad que no le conocía: era como un gorila protegiendo a su familia.

El líder del grupo nos pidió abrir la guantera y mi papá

le hizo caso. No había nada ahí y se dieron cuenta de que no teníamos nada que darles. Entonces, papá dijo:

—Es hora de seguir adelante.

Ni siquiera ofreció lo que todos sabíamos que estaba escondido en nuestro coche: efectivo para dar una mordida, un soborno. Él no respondía a lo que le parecía un acto de vandalismo. Claro que estábamos asustados, pero en este caso corrimos con suerte de salir ilesos.

Desconfiábamos de la policía en general, especialmente en la Ciudad de México, donde no solo les temíamos, sino que la evitábamos. En muchas ocasiones, nos veían en un coche estadounidense con placas del estado de Illinois y nos pedían que nos orilláramos. "Es Navidad, señor. ¿Algo para mi familia? ¿Algo para la Navidad?", nos decían, insinuando que desaparecerían a cambio de unos centavos. Mi papá se sentía humillado cada vez que les daba mordida, que los sobornaba. Esto ocurría a menudo. Mi papi odiaba la corrupción de su madre patria.

Cuando por fin llegábamos a la Ciudad de México, nos amontonábamos en la casita de mi tía Lila: de típico tamaño mexicano, con tres cuartos y dos pisos, ubicada en la calle Pitágoras de la colonia Narvarte. Allí nos reuníamos con el resto de la familia y era como si nos apretujáramos con cincuenta personas en un cuarto de hotel. Dado que yo era una de las más pequeñas, me tocaba dormir en un pequeño sofá junto a las ventanas. ¿Ya dije que en México nadie tiene calefacción? Por fortuna, tenía como diez cobijas San Marcos sobre mí para guarecerme del frío. Mi abuela y una de mis primas dormían en la misma habitación, mientras que mis papás y mis hermanos dormían en otra recámara. El resto de los primos dormía abajo en los sillones. Había cuerpos por todas partes.

Siempre nos despertábamos con el olor de las tortillas y los huevos friéndose para la primera ronda de huevos con tortilla abajo, perfectamente cocinados con la yema hacia arriba sobre una tortilla ligeramente frita y salada, servidos con cátsup para los niños estadounidenses y salsa casera para los primos mayores. Pasábamos la mayor parte de nuestros días jugando en las calles, visitando a la familia y comiendo mucho.

Nuestra misión en cada visita era encontrar los mejores tacos callejeros de la Ciudad de México. Dábamos vueltas por la ciudad para probar lugares (literalmente deteniéndonos en cada esquina), pero al final decidimos que los mejores tacos estaban en una taquería a tiro de piedra de Echegaray en la nueva colonia conocida como Satélite, literalmente un satélite suburbano de la Ciudad de México.

Mi familia se había ido de México para probar la vida suburbana estadounidense, lo cual había sido mal visto porque todos en México odiaban Estados Unidos. Sin embargo, como veía ahora por mí misma, todos en México querían ser estadounidenses. Mi tía Gloria, otra de las hermanas de mi mamá, acababa de dejar la Narvarte para mudarse a este refugio suburbano estilo americano.

Resultaba que esta taquería se había mudado del centro de la Ciudad de México a los suburbios, igual que mi familia. Hacían carne asada con cebollas asadas, tortillas de maíz del tamaño de la palma de la mano para los tacos y un queso fundido fuera de este mundo, servido en pequeñas cazuelas de barro caseras que goteaban por todas partes y que acompañaban con tortillas de harina caseras y calientes. Más de una docena de nosotros, mis hermanos, mis primos y yo, pedíamos docenas y docenas de tacos. Cada taco venía con un pequeño papelito en el plato, y al final de la comida contaban los papelitos para hacer la cuenta.

Mi mamá, como yo, era la bebé de la familia, y mi abuelo adoraba a su niña. Nuestras visitas familiares a México eran una de las pocas veces al año donde mi abuelo se daba una pausa y descansaba de la gestión de su empresa de camiones y grúas que llevaba su nombre. Mi abuelito nos llevaba a lugares increíbles. En prácticamente todos los viajes, íbamos al centro de la ciudad al restaurante Miramar y mi abuelo le invitaba a mi papá su plato favorito, el Vuelve a la Vida, un gran coctel de mariscos servido en un vaso, algo así como un coctel de camarones, pero estilo mexicano con salsa fresca al fondo. El resto de nosotros comía camarones pelados sin parar, algo que nuestra familia definitivamente no podía permitirse en Estados Unidos.

En una ocasión, mi abuelo nos llevó a un restaurante yucateco, ya que sus raíces eran de Yucatán. En otra ocasión nos llevó a un restaurante que servía comida típica mexicana cuyas recetas databan de cientos de años atrás. Fueron los indígenas quienes mantuvieron vivos estos platillos a través de los siglos. También servían tacos con gusanos y chapulines. Yo no los comía porque me daban asco, pero hoy día pruebo prácticamente cualquier cosa. (Los chapulines son crujientes y salados como palomitas, ¡aunque no los comería viendo una película!).

Mis papás se aseguraban de llevarnos a ciertos lugares mientras estábamos en México. Siempre íbamos al Museo Nacional de Antropología, el museo con la colección más grande de arte mexicano antiguo, y a Teotihuacán, una vieja ciudad que alguna vez fue el epicentro de la vida azteca. En Teotihuacán escalábamos las pirámides de la luna y del sol: la experiencia nos dejó una apreciación profunda del poder de la naturaleza. Aprendimos sobre Tláloc, el dios de la lluvia, y sobre Quetzalcóatl, el dios de dioses, representado por un águila enorme con una serpiente en su pico y sus garras.

Conocimos no solo el poder y la belleza de estas culturas antiguas, sino también su vínculo con la vida contemporánea gracias a las comunidades indígenas que mantienen sus tradiciones. Mis papás nos enseñaron a respetar las raíces indígenas y nos llevaban a los lugares donde pudiéramos ser testigos del origen de estas culturas. Está de más decirlo, pero nuestros papás nos enseñaban de dónde veníamos y a amar y a respetar ese lugar. Este tipo de expediciones se convirtieron en parte esencial de mis viajes a México.

Ir a los sitios arqueológicos de Palenque, a varias horas de la Ciudad de México y enclavados en el medio de la selva, era como tomarse un *shot* de adrenalina ancestral. Mis primos mexicanos me molestaban por ser muy gringa o por amar demasiado mi lado indígena, mientras que mis compañeros de clase en Chicago me molestaban porque había nacido en México y tenía una *green card*. Así es, ¡te molestan el doble cuando eres bicultural! Saber de dónde venía y ser testigo de la belleza y el poder de mi cultura me dieron la fuerza para lidiar con el *bullying* que recibía de ambos lados.

Mis papás nunca cejaron en su afán por que visitáramos tantos sitios arqueológicos en México como fuera posible. Yo fui la niña suertuda que pudo ver las cabezas olmecas en Villahermosa y las tumbas de los reyes mayas en Chinchén Itzá que hoy día están cerradas al público. Luchábamos contra nuestra claustrofobia y explorábamos, empapados de sudor, los diminutos pasadizos de piedra en las entrañas de las pirámides para encontrar estatuas y esculturas centenarias y ofrendas que alguna vez dejaron en las tumbas. Papá solía sacar la cámara y tomar una foto de la tumba del rey maya enterrado en la pirámide central de Palenque, el Templo de las Inscripciones.

En aquel entonces, prácticamente ningún sitio arqueológico tenía estacionamiento para visitantes. Así de deteriorados y descuidados estaban, lo que permitía ver cuán poco le importaba al gobierno mexicano la historia y la civilización indígena. No obstante, los niños aprovechábamos la situación y subíamos y bajábamos corriendo por las pirámides como si fueran juegos de gimnasia. Nadie nos detenía. Nos sentábamos y apoyábamos la cabeza sobre los cuerpos de las estatuas de chacmol, donde los mayas ponían los corazones de los hombres y las mujeres jóvenes que sacrificaban a los dioses. Nos resultaba divertido fingir que también nos habían sacrificado.

Tal como en Estados Unidos, también en México aprendíamos que no puedes burlarte de nadie por su aspecto, por cómo habla, por lo que trae puesto o por las situaciones que ha tenido que sortear en la vida. Cada vez que nos deteníamos en una gasolinería, mi mamá abría la puerta trasera de la camioneta, sacaba ropa usada de una maleta muy grande y se la entregaba a los chicos que limpiaban los parabrisas.

Le hablábamos a todo el mundo. La gente que nos trataba respetuosamente recibía el mismo respeto de parte nuestra. Si nos tratabas distinto porque teníamos placas estadounidenses o porque hablábamos español con un fuerte acento americano, mi mamá se enfurecía. Para ella era fundamental que a todo el mundo se lo tratara de la misma forma.

Durante nuestras estancias en México, nunca vi ninguna pelea familiar entre nosotros seis ni entre los miembros de la familia extendida. Todo el mundo estaba tan feliz de tenernos de vuelta. (Más tarde supe que sí había discusiones, pero a menudo ocurrían solo después de que los niños nos habíamos dormido).

Nuestra familia era la única de toda la familia extendida, tanto del lado de mi mamá como del lado de mi papá, que había dejado el país. Éramos extraterrestres porque mi mamá y mi papá vivían fuera de la norma en un lugar muy diferente, muy frío y muy lejano. Nos trataban como especímenes extranjeros, pero también con amor y admiración. Nos amedrentaban, pero también nos abrazaban. Insultaban a mi papá por ser ciudadano estadounidense, pero también se acercaban a él para que los alumbrara con toda su luz. Querían un poco de eso porque todos sabían que era un genio. Ese genio fue precisamente lo que lo llevó a Chicago o, como lo llamaban entonces, Chiiii-cah-guuuuuh.

Nuestros viajes a México, que nos hacían cruzar fronteras

reales y visibles, también nos forzaron a poner los pies en la tierra y nos permitieron echar raíces en el mundo. Gracias a ellos me di cuenta de que el mundo era mucho más que Chicago, mucho más que Estados Unidos. El mundo era más grande y más complicado de lo que jamás podría imaginar. Mis padres habían tomado la decisión de compartir ese mundo con nosotros, incluso cuando ellos mismos seguían buscando su camino en él. Éramos extraños en un nuevo país y a veces nos trataban como extraños en nuestra propia tierra. Juntos, los seis, íbamos a dilucidar todo esto.

CAPÍTULO 10

Una niña llamada María

~∞~✦~∞~

Cuando mi hermana tenía diecisiete años y yo diez, sus amigos de la secundaria Kenwood se organizaron para ver *Amor sin barreras* todos juntos.

Amor sin barreras se estrenó como musical en Broadway en 1957, con música compuesta por Leonard Bernstein. Fue un éxito total y estuvo en cartelera por casi dos años. La obra es básicamente una reinterpretación moderna de *Romeo y Julieta*, la historia de dos jóvenes que pertenecen a mundos distintos, se enamoran y quieren estar juntos, pero sus familias se oponen a su amor.

La película se estrenó en cines en 1961. Una década más tarde llegó a la pantalla chica para hacer su debut televisivo en la primavera de 1972. Ir a ver esta película era todo un acontecimiento. Mis amigos y yo habíamos escuchado hablar muchísimo sobre la película, pero no habíamos tenido la oportunidad de verla. Esto fue antes de que se inventaran los VHS y los DVD, que luego hicieron más fácil que se pudieran ver en casa los grandes clásicos de la pantalla grande. Así que el hecho de que una película de Hollywood fuera a transmitirse en televisión era todo un acontecimiento y nadie quería perdérselo. Todo el mundo en la escuela vería la película en la tele para luego hablar de ella la siguiente semana durante las clases. Y si encima eras un adolescente, tenías que verla porque era una historia de amor adolescente y había mucho contacto físico y besos en pantalla, lo que resultaba muy atípico en televisión.

Mi papá, sin embargo, no quería que Bertha Elena fuera a ver la película con sus amigos.

A pesar de ser el único en su familia que rompió las convenciones al mudarse a Estados Unidos, mi papá era un padre mexicano tradicional. Lo había criado un padre que creció en el arraigado patriarcado de México, donde los hombres jóvenes eran apoyados, alentados y se les permitía soñar, mientras que las mujeres jóvenes eran apoyadas, alentadas y se les permitía soñar con casarse con uno de esos hombres.

Las mujeres mexicanas, sin embargo, han venido desafiando el camino convencional que les fue trazado desde hace siglos. La Malinche fue una mujer azteca nacida en el seno de una familia noble. Algunos dicen que le dio la espalda a su propia gente al ayudar al conquistador español Hernán Cortés, pero dado que su propia familia la vendió como esclava, es probable que su astuto plan para hacer un trato con el conquistador fuera la única forma de liberarse.

También hay que mencionar a sor Juana Inés de la Cruz, la poeta feminista rebelde del siglo XVII que se hizo monja para no tener que casarse con un hombre. Dedicó el resto de su vida a la escritura, al romanticismo existencialista y a estudiar día y noche pese a que no estaba en la escuela.

Por otro lado, también estaban las adelitas, conocidas asimismo como las soldaderas: las mujeres que lucharon en la Revolución Mexicana. No aparecieron para atender a los hombres heridos: lucharon en la línea de batalla junto con ellos, y en algunos casos, incluso los guiaron.

Pese a la existencia de estas mexicanas chingonas, hay una narrativa que se han tragado muchos mexicanos, hombres y padres en particular, que dice que los hombres son los protectores de las mujeres. Estos hombres piensan que es su responsabilidad cuidar y proveer a las mujeres, cerciorarse de que no caigamos en un charco, impedir que "cometamos errores" y evitar que otros se aprovechen de nosotras. Creen también que deben impedir que veamos y escuchemos ciertas cosas. En Tampico, donde creció mi papá, recuerdo haber visto una cantina (el tipo de cantinas que aparecían en las caricaturas o en las viejas películas del oeste con dos puertas de madera que se abren y se cierran). El letrero a la entrada decía "No se permite la entrada a las mujeres". A las mujeres no se les permitía tomar junto a los hombres porque tomar alcohol era considerado impropio de una dama y poco refinado. Y bueno, también se asumía que las mujeres no podrían impedir lo que podría ocurrirles ahí dentro si los hombres se sentían provocados por su belleza. Ese es el mundo en el que crecimos.

Trato de pensar en este deseo de defender a las mujeres como una forma de amor. Los hombres quieren proteger a los seres que aman. Sin embargo, este tipo de conducta puede llegar a ser controladora y dejar al descubierto un machismo recalcitrante que, al final, resulta perjudicial porque pone a los hombres y a las mujeres en cajas separadas. Y después resulta dificilísimo romper esas cajas.

Una de las cosas que más le preocupaban a mi papá cuando llegamos a Estados Unidos era lo que pasaría con sus dos hijas y con su esposa. Mi mamá tenía alrededor de veinticinco años cuando llegamos a Estados Unidos, era joven y aún muy impresionable. También era hermosa y llamaba la atención de los hombres estadounidenses que apenas habían visto a unas cuantas mexicanas en su vida. En México, a papá le vendieron un cuento sobre las mujeres estadounidenses: eran independientes y, en consecuencia, más libres. Por lo tanto, deducía que también serían más rebeldes.

Mi hermana era una adolescente estadounidense promedio que quería un novio y que tenía amigos hombres. Esto derivó en una fuente de mucha tensión dentro de la familia.

Probablemente no ayudó que mi hermana fuera guapísima y que llamara la atención porque no había ninguna otra mexicana en su escuela. Tenía el pelo lacio, pero con ondas pronunciadas que le daban a su cabello cuerpo y volumen. Usaba pantalones a la cadera y playeras pegaditas, minifaldas y botas negras, sombra en los ojos y aretes mexicanos. Por si todo esto fuera poco, tenía una sonrisa divina. Tenía muchos pretendientes y a ella le gustaba. A mi papá no.

Las discusiones se hicieron más intensas luego de mudarnos a nuestro nuevo departamento y mi hermana comenzó a salir con el saxofonista hijo de la familia judía kosher que vivía en el departamento de abajo. Bobby estaba pendiente de la lotería por si acaso tendría que alistarse para la guerra de Vietnam. Estaba considerando convertirse en un objetor de conciencia si su número salía sorteado.

Mi papá no podía entender nada de esto. ¿Cómo que su hija mexicana tenía un novio judío? ¿Un novio blanco? ¿Un novio negro? O cualquier novio con el que no planeaba casarse. Mi papá era un hombre brillante que dedicó su vida y su trabajo de investigación a un proyecto sumamente vanguardista: tecnología para devolverles la capacidad de oír a los sordos. Y a la vez era también, en muchos sentidos, un hombre anticuado y poco informado respecto de todo cuanto atañía a los adolescentes estadounidenses, el sexo y la raza. Si bien es cierto que tenía muchas reservas sobre la raza y la religión de este chico, su mayor problema era simplemente el hecho de que fuera un hombre.

No quería a mi hermana cerca de ningún hombre, en absoluto. ¿Mi hermana pasando la tarde en la casa de alguien más, viendo una película subida de tono rodeada de otros adolescentes? No, no, no, no, no, no, no. ¿Que llegaría a casa a las 9 o a las 10 p.m.? De ninguna manera. Era un no rotundo en la mente de mi papá.

Pero mi hermana fue firme y quería ir. Todo el mundo iba a ir. Mi mamá defendió a mi hermana: era sólo un programa de televisión, una película. ¿Qué tan malo podía ser? Estarán bien, dijo mi mamá. Habrá padres de familia. Aun así, mi papá se opuso.

Entonces a mi mamá se le ocurrió una gran idea: pedirle a Bertha Elena que me llevara con ella, que fuera acompañada por su hermana pequeña. Sería el chaperón de mi hermana mayor y me aseguraría de que no ocurriera nada raro. Este arreglo finalmente satisfizo a mi papá y logró apaciguar sus más grandes temores. Finalmente, accedió a que mi hermana fuera siempre y cuando me llevara con ella.

La noche del estreno en televisión de *Amor sin barreras*, mi hermana y yo llegamos a la casa de piedra gris de la amiga de mi hermana en la zona norte de Hyde Park. Había chicas y chicos adolescentes de prácticamente todas las razas, todos del salón de mi hermana: negros, blancos, judíos, asiáticos. Nosotras éramos las únicas latinas. Nos sentamos todos alrededor de un televisor grande y tosco y comimos papas y palomitas y tomamos refrescos. Yo era la más pequeña en el lugar, lo que me hizo sentir súper *cool*. A mi hermana nunca le dio pena ni tenía ningún problema llevándome adondequiera que fuera, y yo la amaba todavía más por eso. Pienso que ella era consciente de que era mi gran ejemplo a seguir.

La historia original de Romeo y Julieta transcurre durante el siglo XIV en Verona, Italia. *Amor sin barreras* desplaza la historia al noroeste de Manhattan en Nueva York en la década de los cincuenta. En la vida real, italianos, irlandeses y otros estadounidenses de origen europeo habían estado viviendo allí durante un tiempo cuando los puertorriqueños comenzaron a mudarse al vecindario.

Por cierto, no es como que los puertorriqueños, que son ciudadanos estadounidenses por nacimiento, hayan decidido mudarse a Manhattan nomás porque sí. La isla es una colonia de Estados Unidos según las Naciones Unidas, y los puertorriqueños comenzaron a mudarse a Nueva York luego de ser atraídos, reclutados o expulsados de la isla. Las comunidades en este vecindario en particular estaban segregadas y separadas del resto de los habitantes de la zona. En la película, cada grupo étnico vivía y controlaba ciertas calles, lo cual era impuesto por dos pandillas ficticias: los Sharks y los Jets. Los Sharks eran la pandilla latina puertorriqueña y los Jets eran la pandilla blanca.

Amor sin barreras llegó a desafiar las normas sociales que dictaban quién podía enamorarse de quién. Todo es una cuestión de límites. Tal como había límites entre barrios, entre ricos y pobres, entre blancos y negros, entre México y Estados Unidos, existían también límites en torno a la gente de la que uno se podía enamorar.

Aunque la historia tratara sobre latinos, apenas había actores latinos en toda la película. La actriz puertorriqueña Rita Moreno ganó un Óscar como actriz de reparto, pero el papel de protagonista puertorriqueño y líder de los Sharks lo interpretaba George Chakiris, un actor griegoestadounidense. La mayoría de los actores que interpretaban a puertorriqueños tuvieron que usar plastas de maquillaje color naranja para "oscurecerse", lo que resulta rarísimo para los espectadores de hoy. El racismo siempre encuentra su camino, amigos. Se suponía que la película debía mostrar cuán absurdo y dañino era el racismo, pero al mismo tiempo mostró cuán racista era al impedir que los puertorriqueños actuaran en ella porque supuestamente los estadounidenses no pagarían por verla. Ni el director lograba ver a los puertorriqueños como verdaderos humanos.

Una vez que arrancó la película, la sala quedó en silencio. Todos quedamos absortos y muy concentrados; nadie dijo ni pío porque no podíamos pausar ni regresar la película si nos perdíamos algo.

Antes de verla, no sabía absolutamente nada sobre la película. De hecho, quedé totalmente en *shock* cuando Tony, el protagonista blanco, se enamora de María, la protagonista puertorriqueña, y canta entonces la preciosa canción que comienza diciendo "Acabo de conocer a una chica llamada María". Bueno, debo confesar que la canción me hizo enamorarme un poco de mí misma. Del mismo modo en que nuestros viajes a México me mostraban cuáles eran mis raíces y me ayudaban a construir mi sentido de identidad, ver *Amor sin barreras* fue un acto de amor propio porque de alguna manera me visibilizó. El personaje de María era interpretado por una actriz blanca llamada Natalie Wood que definitivamente no era puertorriqueña. Pero me imaginé que me parecía a ella, con su cabello y cejas oscuras y labios más carnosos. Y, por supuesto, tenía mi nombre.

No lloré de emoción en el acto porque estaba rodeada de adolescentes, pero sin duda eso era lo que sentía por dentro: me embargaba una sensación de orgullo y reconocimiento. *Dios, existo. Quizás ahora pueda encontrar un llavero con mi nombre.* Tener un llavero con tu nombre impreso en plexiglás estaba de moda, pero ninguno de los llaveros que había visto hasta entonces decía María. Si había lugar para María en *Amor sin barreras*, seguro debía haber lugar en el mundo para una María como yo. Esa película abrió para mí un mundo de posibilidades. Quizás algún día podría encontrar también un novio como Tony.

Cuando te sientes invisible porque no te ves representada en la cultura popular ni en los medios, piensas que hay un montón de cosas imposibles para ti, lo cual resulta perjudicial para tu salud mental. Más allá del actor Freddie Prinze, prácticamente no había latinos en películas ni en televisión cuando yo era niña. ¿Te imaginas ser completamente invisible en todos los medios de comunicación?

Sin embargo, ver a los latinos representados en *Amor sin barreras* no resolvía todo. Por el contrario, generó muchas preguntas que no podía resolver: ¿por qué había niños latinos en la pandilla? ¿Por qué tantos puertorriqueños se mudaban a Nueva York? ¿Por qué su acento era tan extraño? ¿Por qué no había negros en esta versión cinematográfica de Nueva York?

La película sembró también otras preguntas en mi cabeza. Había una canción llamada "Gee, Officer Krupke", que en teoría cuestionaba a la policía y su forma de tratar a los jóvenes. La película pintaba a Nueva York como un lugar descarnado y frío. Leonard Bernstein, quien compuso la música, era judío. Luego supe que sentía un profundo respeto por los puertorriqueños, los latinos y los afrocaribeños. Se inspiró en la música yoruba de la religión santera (que lo conmovía mucho) cuando compuso esta obra hermosa, aunque muy marcada por su tiempo.

Mientras duró la película, sentí cómo si una corriente

eléctrica atravesara todo mi cuerpo. Estaba tan emocionada que ni siquiera comí palomitas, una de mis comidas favoritas de todos los tiempos. Apenas parpadeaba, no quería perderme una sola escena. Sentía que me estaban hipnotizando y transportando en el tiempo hasta una ciudad donde nunca había estado antes, pero podía sentir perfectamente esas calles cuarteadas bajo mis pies. Cuando aparecieron los créditos, mi hermana y sus amigos se levantaron de un salto y comenzaron a comportarse como adolescentes, pero yo me quedé quieta hasta que la pantalla estuvo completamente negra. Este momento cambió mi vida… y no fue algo que me sucedió solo a mí.

La televisión creó la posibilidad de una experiencia nacional comunitaria. Todo el mundo en todo el país estaba viendo lo mismo al mismo tiempo. Pero esto también tenía sus desventajas. Significaba que había espacio limitado para el tipo de historias que salían al aire y, a menudo, las narrativas que se transmitían eran unilaterales, lo que aumentaba la invisibilidad de ciertas comunidades como, por ejemplo, los mexicanos, los latinos y los inmigrantes. Quiero decir, piénsalo: las salas de redacción y los equipos de guionistas de los programas de televisión estaban compuestos casi en su totalidad por hombres blancos. En ese entonces, pensaba que ese era el orden natural de las cosas. Pero luego me di cuenta de que todos los medios eran propiedad de hombres blancos, muchos de los cuales son buenas personas, sí, pero ven el mundo desde su perspectiva. Es solo su lado de la historia el que estamos recibiendo.

Como la mayoría de los niños, vi *La tribu Brady*, aunque

sabía que mi familia nada tenía que ver con ellos. El hecho de que en 1968 saliera al aire el programa *Julia*, sobre una mujer negra que trabajaba como enfermera, fue todo un acontecimiento. La protagonista era Diahann Carroll y se convirtió en el primer programa con una mujer afroamericana como protagonista en horario estelar. Amaba ese *show* porque había muchas enfermeras negras en el barrio que trabajaban en el mismo hospital que mi papá. Para mí, *Julia* era una vecina que finalmente había logrado tener su programa de televisión. Solo duró tres temporadas.

Cuando volví a la escuela el día después de ver *Amor sin barreras*, todo el mundo me miraba porque mi nombre se había escuchado por todo lo alto en todo el país. Mis compañeros me recibieron con los pulgares arriba porque había una canción sobre mí. Los niños me cantaban la canción. Algunos incluso me molestaban. Que me pusieran tanta atención se sentía raro, puesto que no había hecho nada distinto. En definitiva, amé mi nombre más que nunca después de esa noche, pero en la película Tony había muerto por amar a una mujer llamada María. Así es, todo era confuso.

Mi vida puede dividirse en dos periodos: antes y después de *Amor sin barreras*. Cambió la forma en que me veía a mí misma como niña, como latina, como mexicana, como alguien que hablaba español, como ser humano. Había escuchado mi nombre cantado a voz en cuello a través del espectro radioeléctrico. Quienes tenían acceso a un televisor en el país, habían visto a María y habían escuchado su hombre.

En ese entonces, María no era un nombre común en Chicago. Cuando me presentaba, la gente a menudo me respondía: "¿Quieres decir Marie?". Ahora podía decir, "Ya sabes, María, como en *Amor sin barreras*", y todo el mundo sabría de qué estaba hablando.

Sin embargo, cuando estaba sola, sabía que no tenía prácticamente nada en común con la María de la película. No era puertorriqueña. Nunca había estado en Nueva York. No vivía en una comunidad segregada. No tenía ni idea de lo que significaba ser parte de una pandilla. Mi mamá no trabajaba en una fábrica de ropa. Aunque la existencia de María me diera visibilidad, también comprendía que la narrativa estaba equivocada. Esa no era mi historia.

CAPÍTULO 11

Crecer duele

❧◦◦◦❧

Amor sin barreras tuvo otro tipo de impacto en mí: me inspiró a querer convertirme en actriz. Quería ser la María de la película, interpretada por la actriz Natalie Wood. Quería cantar y bailar en la pantalla grande. Sentí que, si quería tener visibilidad en el mundo, esto era lo que tenía que hacer.

Cuando por iniciativa propia la señorita Petzold, nuestra profesora de primero de secundaria, decidió crear un departamento de teatro en Bret Harte, esto supuso un cambio radical para mí. Muy pronto descubrí que amaba todo el proceso de involucrarme en una producción teatral: el desafío de aprenderme los diálogos, el miedo a actuar frente a un público, la camaradería de trabajar junto a mis compañeros de clase, la creatividad necesaria para construir la escenografía y transformar un espacio, la alegría de hacer reír a la gente. Lo que más disfrutaba era sentir que formaba parte de un equipo que trabajaba en algo divertido.

La primera obra que montamos, dirigida por la señorita Petzold, fue *Macbeth* de Shakespeare, cuando yo iba en quinto de primaria. Además de profesora, la señorita Petzold era una artista consumada, pues era capaz de crear algo de la nada a base de pura inspiración. Me dio el papel de una de las tres brujas. Justo antes de salir a escena, sentí mariposas en el estómago. Me di cuenta de que estas mariposas no suponían ninguna amenaza para mí, y que tenía la capacidad de estar a la altura de las circunstancias. Aunque tenía miedo, nunca sucumbí ante él; por el contrario, fui capaz de concentrarme. Entonces llegué a la conclusión de que había algo mucho más grande que yo que me empujaba al escenario. Porque claro que estaba aterrada, pero aun así lo hice. Y esto fue increíblemente estimulante y emocionante. Como actriz, intentar transformarme en alguien más en el escenario también me enseñó a transformarme en mí misma en la vida cotidiana, así como a actuar como si realmente encajara en el mundo, incluso aunque no fuera así.

Me hice amiga de muchas de las chicas de mi clase, y las amistades que tenía desde la escuela primaria se profundizaron. Susie, Mary, Elizabeth (que ahora se hacía llamar "Liz"), Teresa y Derek habían ido a Bret Harte conmigo, pero ahora pude conocerlos más. Ambos padres de Susie eran psicoanalistas. Teresa tenía una madre soltera, al igual que nuestra nueva amiga Leslie, que era blanca. Caren tenía una hermana adoptiva de Corea. Los padres de Rachel eran científicos. A Jane le faltaban varios dedos de la mano de nacimiento. Derek y Emmet tenían un nuevo amigo, Paul, que era negro como ellos, y ellos tres eran mis amigos varones más cercanos.

Más o menos por esa época, llegó una chica de Japón a nuestro salón, y a partir de ese momento me convertí en la segunda chica más bajita de la clase. Darle la bienvenida a esta nueva compañera fue mi primer intento de expresar solidaridad con alguien que era mucho más bajita y menos poderosa que yo, algo que se convirtió en una especie de lema de vida.

En quinto grado tuvimos que aprender educación sexual, algo que de cierta forma hizo que nuestro salón se volviera más unido. No hay cosa que una más a un salón de clases que tener que atravesar esa etapa incómoda. Todos nos estábamos haciendo mayores. También vi cómo algunos de mis amigos empezaron a volverse más rudos, y no sabía por qué.

Para ese entonces, yo ya sabía que era buena estudiante. Trabajaba duro y recibía muchos dieces en mis boletas de calificaciones año tras año. Sacar buenas notas parecía ser prueba suficiente de que pertenecía a ese entorno pese a que no era estadounidense y que el inglés no era mi lengua materna. Sabía que esto era lo que mis padres esperaban de mí y quería hacerlos sentir orgullosos. Mi papá era un científico muy serio, y me encantaba ver su enorme sonrisa y recibir un abrazo suyo luego de que revisara mis boletas de calificaciones.

Alrededor de esta época, algunos de mis compañeros de clase comenzaron a llamarme "la consentida de la profesora", como si me creyera perfecta y superior al resto de los alumnos. Mi maestra de quinto grado, la señorita Eisner, era una amable mujer judía que se preocupaba por sus alumnos y que nos trataba bien, aunque gritara con bastante frecuencia. Tenía la voz rasposa porque se fumaba por lo menos una cajetilla de cigarros al día. No había motivos para pensar que yo fuera su consentida, pero ese fue el rumor que circuló por la escuela.

Un día tuve que quedarme en la escuela después de clases, y Emmett y Derek esperaron a que yo saliera. De camino a casa, me molestaron todo el tiempo. Intenté caminar por una banqueta cubierta de nieve mientras me gritaban:

—¡No le caes bien a nadie! ¡Eres la consentida de la profesora y todos te odian! ¡Eres una enana fea, pigmea!

Traía puesta una bufanda larga de rayas con flecos en las orillas, porque eso era lo que estaba de moda. Emmett y Derek agarraron cada uno un extremo de la bufanda y comenzaron a apretarla cada vez más fuerte alrededor de mi cuello, ahorcándome mientras yo luchaba para respirar. Fue sumamente doloroso y aterrador. Comencé a llorar sin control y luego aflojé el cuerpo porque ya no podía defenderme de ellos. Entonces sintieron miedo y huyeron de la escena, dejándome tirada en la banqueta congelada. En cuanto llegué a casa, le conté a mi madre lo que había sucedido. Entonces llamó por teléfono a las madres de Emmett y Derek: los chicos pidieron disculpas y todos seguimos adelante.

Yo había estado en la escuela con Emmett y Derek y el resto de mis compañeros desde el jardín de niños, nos teníamos cariño. Habíamos crecido y compartido juntos muchas situaciones difíciles: los asesinatos de John F. Kennedy y Martin Luther King, manifestaciones por los derechos civiles y protestas antiguerra, una huelga de profesores en Chicago que nos había mantenido fuera de las aulas, la invasión por parte de la policía de nuestro vecindario. También vivimos cosas increíbles, como la apertura del departamento de teatro de Bret Harte y el montaje de obras para nuestros padres, así como los conciertos de músicos visitantes y las conferencias de ponentes importantes que acudían a nuestra pequeña escuela. Habíamos vivido todo esto juntos. Pero ahora estábamos creciendo y cambiando cada uno a su manera.

Desde el jardín de niños empecé a fijarme en los chicos y pensaba que algunos eran lindos. Como Tommy, con su enorme sonrisa y mejillas sonrosadas; Michael, con sus cejas oscuras, y Jonathan, que usaba lentes y tenis gastados, algo que me parecía encantador. En ese entonces, la mayoría de la gente veía la identidad de género y la atracción de forma más rígida. La convención social era que podías ser hombre o mujer dependiendo de las partes del cuerpo que tuvieras al nacer. Si eras hombre, te debían gustar las mujeres, y si eras mujer, te debían gustar los hombres. Poca gente estaba abierta a la idea de identificarse de forma distinta o de que a alguien pudiera gustarle otra persona por ser quien era y no por su género.

Todos estos enamoramientos sucedieron antes de quinto grado. Ni siquiera me di la mano con ninguno de estos chicos. Lo único que hacíamos era escribirnos recados en pedacitos de papel rayado que arrancábamos de nuestros cuadernos. Los doblábamos en pequeños sobres intrincados y los pasábamos de un estudiante al otro hasta que llegaban a su destinatario.

Sin embargo, en sexto grado me invitaron a una fiesta de cumpleaños después de la escuela en casa de un amigo. Sólo una vez antes había jugado a la botella, pero en esta fiesta íbamos a jugar "dos minutos en el clóset", que consistía en que un chico y una chica se metieran solos a un clóset para hacer lo que quisieran. Nunca supe de dónde surgió este juego, pero a los chicos les encantaba hablar al respecto. Todos asumían que quienes entraban al clóset se besaban. Yo me petrifiqué. La primera y única vez que había jugado a la botella no me gustó lo que sentí cuando el chico me besó. Claro que había sido un chico que no me gustaba. Aun así, estaba convencida de que no iba a disfrutar lo que estaba por suceder. Deseaba haberme negado a jugar, pero no quería que se burlaran de mí.

Me sentí presionada a jugar, porque si te negabas a participar, el consenso era que seguro tenías algún problema. Esta no es la mejor forma de encontrar a alguien que te guste, y es el motivo por el que muchos sufrimos y nos sentimos obligados a ir con la corriente, algo que no es normal. También pensé que pasar esos "dos minutos en el clóset" me ayudaría a definirme más como una típica chica estadounidense. Las estadounidenses eran abiertas y directas respecto a sus deseos y necesidades sexuales; no les daba pena besar a un chico durante dos minutos en un cuarto oscuro. Sentía como si compitiera para demostrar que yo podía ser más estadounidense que las otras chicas de mi grado, quienes seguramente ni enteradas estaban de que existía esta competencia.

Cuando llegó mi turno, entré al clóset con mi amigo Mark, quien me gustaba. Fue muy dulce, pero sentir que nuestras lenguas se tocaban fue extraño. No estaba segura de que realmente me gustara, pero sobreviví al juego.

Conforme cambiaban mis relaciones con los chicos, también lo hacían mis relaciones con las chicas. En sexto grado aprendí el significado de la palabra "ostracismo". Cuando decimos que alguien fue "condenado al ostracismo", esto quiere decir que fue excluido de un grupo, rechazado e ignorado. Ese año, fui condenada al ostracismo por algunos de mis compañeros de clase.

De la nada, mi grupo cercano de amigas se volvió contra mí. Dejaron de hablarme y me trataban como si tuviera lepra. Esta fue una época muy solitaria en mi vida. Lloraba muchísimo. Mi mamá hacía su mejor esfuerzo por calmarme, pero lo único que podía decir era: "Lo que pasa es que están celosas de ti, mamita". Yo la miraba y pensaba: *Esa no es la respuesta que necesito en este momento.*

La realidad es que no sabía qué necesitaba. Se trataba de una emoción completamente nueva para mí. Me sentía muy sola y asustada y sin equilibrio, como si estuviera mareada. Mis amigos me habían retirado la palabra y de pronto me encontraba sola. ¿Cómo podía enfrentarme al mundo sola? Me sentía muy molesta por la situación, y esto hacía que me dieran ganas de ser ruda con la gente. La rudeza es un ciclo, y puedes rehusarte a participar en él. Durante esta época en la que no tenía amigos y en cambio luchaba contra muchos problemas, encontré un grupo de chicos que utilizaban su rudeza para parecer geniales.

Las chicas de este nuevo grupo eran mucho más rebeldes, feministas, *cool*, independientes y antisistema que la gente a la que yo estaba acostumbrada. Estas mujeres jóvenes, provenientes de familias monoparentales, por lo general hacían lo que querían porque su único padre o madre de familia estaba ocupado trabajando y no cuidándolas. Yo tenía doce años cuando probé la marihuana con ellas por primera vez. Aunque apenas inhalé, el hecho es que éramos demasiado jóvenes para comenzar a experimentar con la marihuana. La primera vez que me fui de pinta, es decir, que me escapé de la escuela, también fue con este grupo de chicas. Pero, por supuesto, me cacharon. Esto es lo que siempre sucede al irte de pinta; tarde o temprano alguien se enterará, y realmente no vale mucho la pena.

Cuando mis padres se enteraron de que me había ido de pinta, el regaño fue severo. (Por fortuna, nunca se enteraron de que fumé marihuana). Me dijeron que no los estaba tratando con respeto, que tenía que aprender a respetar los límites y, en su opinión, que no había forma de que yo aprendiera estos valores si me rodeaba de chicos y chicas estadounidenses. Al terminar sexto grado, me mandaron a pasar el verano a México, con mi hermano Jorge como chaperón, para vivir con mis tías y tíos y aprender a ser una chica más propia; más mexicana, pues, lo que significa no faltarles al respeto a tus padres al irte de pinta con tus amigas antisistema. (Y yo pensaba *¡Pero papá, mamá, esto no tiene nada que ver con ustedes!*).

Al final del día, irme de pinta me cambió la vida porque aquellos meses que pasé en México me cambiaron la vida. En la Ciudad de México me despertaban el sonido del cartero con su diminuta flauta de Pan y el señor de la basura que tocaba una campana de verdad desde su camión. En Guadalajara me enamoré de José, el vecino de mi primo, e intenté coquetear con él en mi español imperfecto. Me esforcé por mejorar el estilo de mi ropa de catálogo de Sears para que luciera igual de linda que la de las tiendas elegantes que usaban mis primas güeras de ojos azules para competir en la ciudad de Guadalajara, un lugar siempre consciente del estatus. En la ciudad de Tampico, ubicada en la costa del Golfo, hacía tanto calor que parecía que el asfalto se derretía cada tarde. Nuestra única fuente de entretenimiento era caminar durante cuarenta y cinco minutos bajo el sol para llegar a Super Cream, la única heladería de la ciudad con aire acondicionado.

Esta época que pasé en México, durante la cual mi hermano y yo estuvimos viviendo en casas de distintos familiares sin mi mamá, se convirtió en uno de los momentos más importantes de mi infancia.

Aprendí a confiar en Jorge y me di cuenta de que realmente me amaba y quería cuidar de mí. Aprendí que podía vivir sin mis padres. Aprendí que podíamos viajar solos, que la gente nos trataba con respeto, que mi español era suficientemente bueno para sobrevivir en México. Me sentí mucho más mexicana al final de nuestra estadía que cuando llegué. De hecho, estaba un poco obsesionada con la idea de medir mi mexicanidad. ¿Qué tan mexicana era? ¿Qué tan estadounidense? ¿Cuál era el balance ideal que deseaba tener, los mejores porcentajes? ¡Como si eso existiera!

Aunque disfruté muchísimo esta experiencia, en realidad nunca me sentí suficientemente bonita ni inteligente, y sabía también que no hablaba español tan bien como mis primos mexicanos. Esta sensación de no ser suficiente parecía seguirme a todas partes, sin importar en qué lado de la frontera me encontrara.

Sin embargo, las experiencias que tuve en México facilitaron mi transición a séptimo grado en Chicago. Me sentía enraizada, mucho más centrada, con un mayor respeto por mis padres y llena de amor por mi familia en ambos lados de la frontera. Y ahora era poseedora del mejor estilo, con todas mis piezas únicas de México, incluyendo algunas prendas donadas por mis primas.

Para cuando llegué a octavo grado, la vida fluía sin mayores contratiempos. Había hecho las paces con todas las personas que me habían echado a un lado. Había acumulado experiencia de vida durante mi estancia en México, sentía que cada día tenía mayor certeza sobre la clase de persona que quería ser, y me moría por entrar al bachillerato. Había hecho las paces con mis experiencias en la escuela primaria. Tenía una mejor amiga, Liz, y eso era suficiente.

Sentía que había marcado una diferencia en mi escuela y que la gente me conocía. Era una chica genial de octavo grado que actuaba en las obras de la escuela. Me sentía orgullosa de ser diferente, aunque de cierta forma era igual al resto. En una de nuestras últimas excursiones de ese año, fuimos al Museo de Ciencia e Industria. Organizamos un festival de talentos en el auditorio. Yo me puse un huipil triqui, un vestido tejido muy sencillo que tradicionalmente utilizan las mujeres indígenas en México, y recité poesía de Pablo Neruda, el poeta chileno y defensor de los derechos humanos. Era el primero de varios intentos de apropiarme de mi mexicanidad. Este profundo deseo de encontrarme y construir una identidad bajo mis propios términos fue parte de la culminación del octavo grado.

Me preparaba para graduarme de Bret Harte y despedirme de todos los amigos con quienes había asistido a la escuela desde que tenía cinco años.

Encontré fuerza y seguridad en aquello que siempre había hecho especial a nuestra escuela y vecindario. Por fortuna, yo pertenecía a una comunidad que me aceptaba por quien era, que me permitía sentirme orgullosa de lo que me hacía diferente.

Al final del año escolar, en 1975, mis compañeros de clase y yo celebramos nuestra inminente graduación escribiendo chistes y garabatos y despedidas emotivas en cada uno de nuestros cuadernos de autógrafos, un tipo de libreta que la gente usaba para coleccionar firmas de los demás. Algunas personas llevaban estos cuadernos a conciertos y le pedían a la gente famosa que se los firmara. Los estudiantes como yo utilizábamos estos cuadernos durante la época de graduación para pedirles a nuestros amigos y compañeros de clase que nos escribieran un mensaje de recuerdo.

Hace poco tuve la oportunidad de volver a ver mi cuaderno de autógrafos luego de muchos, muchos años. En la portada aparece mi nombre grabado en letras redondas de color dorado. En el interior hay páginas y páginas de autógrafos de mis maestros, del director de la escuela y de mis mejores amigos en Bret Harte. También contiene fotos de mis compañeros de clase tomadas por el fotógrafo escolar.

Mi amiga Carrie, que incluyó su foto escolar, escribió, "No sé por qué quieres esta foto. Espero no verme así realmente".

De Clarence: "Para una de las mejores chicas que conozco

y una de las mejores amigas que he tenido. Buena suerte".

De Jane, una de las chicas rebeldes: "Bueno, María, ¿de qué deberíamos hablar? ¿De irnos de pinta? Fue una buena idea".

De Leslie: "María, nena… Que la madurez no te quite lo controversial. Es alucinante, pero el resultado siempre es positivo. Verte crecer es toda una experiencia, por decir lo menos. Te amo demasiado para mi propio bien".

De mi mejor amiga, Elizabeth Takeuchi: "Mi querida María. ¡Guau! Qué comienzo. Y bien, ¿qué puedo decirle a mi mejor amiga? O sea, tú deberías saber igual que yo qué debería escribir. Sé que al entrar al bachillerato nos separaremos porque es muy poco probable que vayamos a la misma prepa, pero quiero que me recuerdes como tu amiga de octavo grado. Octavo grado es un año muy importante porque lo que sucede en ese lapso puede decidir tu futuro entero. Para mí, siempre serás una fuente de guía. Eres como la hermana que nunca tuve. Y siempre agradeceré la ayuda, la valentía, el sentido y la seguridad producto de haberte conocido y saber que estás ahí".

Por último, hay una nota del payaso del salón, John. En la primera página del cuaderno, escribió, "Si quieres leer este mensaje, dale vuelta a la página". En la página siguiente, dice: "Es demasiado privado para aparecer en la primera página, ve a la página 197 y medio". Luego, hasta el mero final del cuaderno, aparece este mensaje: "Acabo de contar las páginas y no son 197 y medio. De cualquier modo, esto servirá. Okey, ¿sabes?, los halagos no te llevarán a ningún lado. Lo único que tienes que hacer es decir que me amas y sacártelo de encima, aunque de todos modos me siento halagado. Bueno, después de todo, sí te llevaron a algún lado, al escenario donde has actuado como una reina. Cuarto, quinto, sexto, séptimo y octavo han sido divertidos. Espero que te recuperes de tu adicción a Elton John. Nos vemos en Kenwood. Con amor, John Stein".

Mis amigos y yo estábamos creciendo. Habíamos atravesado muchas cosas juntos, pero ahora cada quien tomaba su propio camino. Para la mayoría de nosotros, graduarnos y dejar la escuela intermedia fue la primera gran separación de nuestra vida. Por otro lado, estábamos listos para decir adiós porque sabíamos que seguir adelante también nos permitiría convertirnos en personas nuevas: en estudiantes de bachillerato.

CAPÍTULO 12

Mirar al privilegio de frente

∽◦⌣◦∾

Tras graduarme de Bret Harte, mis padres me preguntaron si pensaba asistir a la Academia Kenwood, el bachillerato público al que había ido mi hermana Bertha Elena, donde la mayor parte del cuerpo estudiantil era afroamericano, o si seguiría los pasos de mis hermanos al asistir al Colegio Laboratorio de la Universidad de Chicago, una institución privada de élite afiliada a la universidad donde trabajaba mi papá, que era mayoritariamente blanca. Aunque nadie decía esto en voz alta, por obvias razones mi padre sentía que estaría más segura en el Colegio Laboratorio, como mis hermanos. Mi papá había aprendido e internalizado la discriminación hacia los afroamericanos, y no era el único. Algunas familias que podían pagar la colegiatura de Kenwood terminaban por abandonarla a causa de los mismos miedos que tenía mi papá.

La gente decía que el Colegio Laboratorio era para chicos y chicas de dinero. Mis hermanos ya me habían contado historias sobre cómo a algunos de sus compañeros de clase los llevaban a la escuela en Bentleys. ¿Podría convivir en armonía con gente rica? ¿Destacaría porque mi padre, un profesor en la Universidad de Chicago, obtenía un descuento considerable para matricular a sus hijos ahí? Estaba plenamente consciente de nuestro estatus de clase como familia inmigrante. Tuve que presentar un examen de admisión a la escuela y sudé durante toda la prueba, aterrada de que la educación que había recibido en la escuela pública fuera insuficiente. Por suerte, me equivoqué.

Aunque me preocupaba encajar con los chicos y las chicas de dinero, no me había percatado de lo difícil que sería pasar de una escuela mixta en términos raciales a una mayoritariamente blanca. Los pocos chicos afroamericanos que asistían a esta nueva escuela eran los más ricos y, en ocasiones, los más preocupados por el estatus. No sabía dónde encajaría yo.

Luego de ser un pez grande en Bret Harte, donde había crecido bastante a nivel personal hacia finales de octavo grado, asistir al Colegio Laboratorio me hizo sentir como si estuviera de vuelta en el jardín de niños. Había chicos altos y seguros de sí mismos por todos lados, que además tenían un fuerte sentido de propósito.

Mis dos hermanos eran grandes personalidades en el Colegio Laboratorio. Organizaron una protesta estudiantil masiva que tuvo cobertura en las noticias locales. Sin embargo, yo aún no me sentía inspirada a convertirme en una activista radical, como lo sería más adelante durante mis años universitarios, por lo que la reputación de mis hermanos no me ayudó mucho ni me mostró un camino a seguir. Tuve que crear mi propio camino.

Durante los primeros días en mi nuevo bachillerato privado, me despertaba a las seis de la mañana, noventa minutos antes de que empezaran las clases, cuando todavía estaba oscuro afuera. Me despertaba lentamente, sacaba mi espejo de mano y, al igual que mami, me arreglaba la cara. Siempre me ponía el corrector primero (tenía catorce años, así que no sé exactamente qué trataba de corregir), luego una sombra de ojos color marrón, además de delineador negro arriba y abajo, así como dos capas de rímel negro después de enchinarme las pestañas con un artefacto extraño. Según mami, la idea era destacar mis rasgos y no cambiarlos, o al menos para eso servía el maquillaje. Otra cosa que aprendí de mi mamá es que nunca debes salir a la calle sin maquillarte. Las mujeres de Estados Unidos se paseaban por nuestro vecindario sin una gota de maquillaje, pero no las mujeres de mi familia. En especial me preocupaba verme bien porque en la escuela no había nadie que se pareciera a mí.

David, un amigo de mi hermano Jorge, quien era mayor pero también iba en nuestra escuela, ya tenía su licencia para conducir, por lo que nos recogía por la mañana y nos llevaba a la escuela. Lo que nadie sabía era que, antes de salir de casa, yo ya había vomitado una, dos y a veces hasta tres veces.

Cada mañana, antes de irme a la escuela, me sentaba a comer algún cereal como Zucaritas o Golden Grahams con leche helada. Mientras comía, escuchaba el ajetreo matutino de la cocina y trataba de mantener la calma, inhalando y exhalando. Sin embargo, en cuestión de minutos, los nervios se apoderaban de mí y me atacaban el estómago. De pronto ya no podía contenerme e iba directo al baño de mi hermana a vomitar. No quería hacerlo, pero estaba tan nerviosa que no podía retener ningún alimento.

Sentía un pánico y una ansiedad abrumadores, y estaba convencida de que no podría seguirles el ritmo a mis compañeros extremadamente ricos e inteligentes. Tenía miedo de que me juzgaran, de no ser suficiente, de sentirme fuera de lugar. No sabía cómo nombrar o reconocer los problemas de raza, clase e inseguridad que poco a poco me pasaban factura.

Esto sucedió durante un mes. Día tras día me encontraba de vuelta en el baño, mirando fijamente el excusado después de vomitar lo que había desayunado. Estaba afectando mi capacidad de concentrarme en clase. Para cuando llegaba a la escuela, estaba muerta de hambre y no había mucho tiempo para comer entre clases. No podía contarle a nadie lo que estaba sucediendo. Al igual que cuando vomitaba antes de salir en carretera a México, si le hubiera contado a mi familia lo que sucedía, seguro me habrían contestado: *Esta es la cosa más estúpida que has hecho en tu vida. Deja de hacerlo.*

Mi madre no terminó la prepa. Mi padre fue al bachillerato en Tampico, donde la temperatura alcanzaba casi los 100 grados y no había aire acondicionado. Y aquí me encontraba yo, sentada frente a la taza del excusado vomitando porque iba a asistir a uno de los mejores bachilleratos en Chicago e incluso en todo Estados Unidos. *¿Acaso bromeas? No dejamos México para que sucediera esto. ¡Estás zafada o qué!* Podía escuchar sus voces con claridad en mi cabeza. La empatía no iba a estar presente para mí. Así que no le conté nada a nadie.

Ahora entiendo que sufría de ataques de pánico, sólo que en aquella época nadie utilizaba ese tipo de terminología para nombrarlos. Para ese entonces yo ya conocía a varios chicos y chicas que iban a terapia, pero nunca se me hubiera ocurrido pensar que mi situación era algo que podía tratar con un terapeuta. Sentir ansiedad y vomitar no era una afección médica ni una enfermedad, porque aún no existía un nombre para ella. Pensaba que esto solo me sucedía a mí y que eso significaba que tenía que resolverlo por mi cuenta.

Con el tiempo, llegué a sentirme tan hambrienta que comencé a llevarme cereal seco en una bolsita Ziploc a la escuela. Empezaba a comérmelo en el coche de camino a la escuela para llegar con al menos algo de alimento en el estómago, y luego disminuía el ritmo de mi respiración lo suficiente para evitar vomitar. Poco a poco encontré la manera de sortear esa ansiedad debilitante. Comencé a sentirme más aceptada, relajada y tranquila respecto de la persona que era en el Colegio Laboratorio. Me di cuenta de que no todos en la escuela eran esnobs. Por supuesto que los había, pero no todos eran así, lo cual me pareció reconfortante.

Me obligué a entablar amistad con mucha gente. Esa voz del inmigrante en mi cabeza me decía: *Aprovecha cada momento que la vida te ofrece gracias al privilegio que tienes. No seas remilgada ni des las cosas por sentado.* Esto implicaba hablar con todas las personas, incluso con los chicos y chicas que iban en los grados superiores a mí.

La moda en la Escuela Preparatoria de la Universidad de Chicago era formal: pantalones caqui, camisetas polo de la marca Izod (el rosa y el verde eran los colores favoritos para chicos y chicas) y zapatos náuticos Top-Sider de la marca Sperry. Cabe destacar que ninguna de estas prendas me favorecía. Además, había decidido que ser única, especial y diferente eran cosas buenas porque yo era única. La única mexicana en toda mi escuela. Lento pero seguro, empecé a decirme a mí misma: *Créetelo, María. Créetelo.*

Al entrar a la prepa, por fin convencí a mi mamá de que me dejara usar tacones. Yo empezaba a explorar el mundo de la moda y a desarrollar mi propio sentido del estilo. Me compré mis primeros tacones en México. Empecé con los de una y dos pulgadas, pero las plataformas eran lo más popular en la década de los setenta. No pasó mucho tiempo antes de que yo comenzara a usar plataformas de casi tres pulgadas todos los días. Cuando caminaba por el pasillo, todos me reconocían por mis enormes plataformas. A mí me parecía genial porque me hacía destacarme del resto de la gente, y eso me gustaba.

Con el tiempo, a medida que me di cuenta de que podía ser yo misma y aun así llevarme bien con mis compañeros de clase, encontré mi lugar en el Colegio Laboratorio. No me encantaban la presión académica ni la competitividad, pero al parecer yo sobresalía en este tipo de entornos. Estaba dispuesta a trabajar duro para demostrarme a mí misma y a los demás que, en efecto, era capaz de encajar en una institución de élite. No era una estudiante que sacara puras As, pero mis calificaciones siempre rondaban la B, B+ y la A-.

El Colegio Laboratorio me hizo poner más atención en clase. No sabía por qué mis compañeros trabajaban tan duro para obtener las mejores calificaciones, pero al concluir el primer año vi cómo algunos de los estudiantes de último año eran aceptados en universidades prestigiosas y entonces aprendí cuáles eran: Harvard, Yale, Stanford y Princeton. Los padres de mis compañeros de clase, que en su mayoría eran intelectuales de élite y profesores en la Universidad de Chicago, influían en sus decisiones universitarias y los presionaban para que mantuvieran un cierto grado de prestigio. La diferencia de clases también hacía acto de presencia, pero de formas más sutiles. Muchos de mis compañeros almorzaban en la cafetería, pero comprar el almuerzo era algo que mis padres no podían pagar. Yo llevaba mi almuerzo empacado todos los días a la cafetería donde comía con mis amigos.

Para llegar ahí tenía que pasar frente a las oficinas del periódico estudiantil. Lo cierto es que estaba fascinada con el periódico del bachillerato y solía hacer fila para ser la primera en tenerlo entre mis manos cuando salía cada semana. El periódico era ingenioso y estaba bien escrito; además, tenía buenos reportajes. Daba espacio a historias importantes y tenía muchos encabezados creativos. Incluso tenía una sección de cómics y caricaturas políticas. Me encantaba, pero nunca imaginé que podría trabajar ahí. A veces el miedo nos hace cerrarnos ante las posibilidades y todo cuanto nos causa curiosidad. ¡Tienes que tragarte el miedo!

Seguí buscando un lugar en el Colegio Laboratorio donde me sintiera en casa. A la mitad del primer año de bachillerato, decidí hacer una audición para una producción estudiantil de *Another Way Out*, una obra de teatro francesa ambientada en la década de los veinte. Dado que había participado en varias producciones de Shakespeare en la primaria, hacer teatro me resultaba familiar y era algo que amaba hacer. A diferencia de Bret Harte, donde los profesores se comprometían a montar obras con los estudiantes, mi nuevo bachillerato tenía su propio teatro y un profesor dedicado a dirigir el programa de teatro.

Vestida con pantalones de mezclilla ajustados, tacones bajos, una bufanda extravagante y joyería mexicana, entré a ese viejo y sucio teatro para hacer mi audición con seguridad y un ligero aire de superioridad, como para decir, *Ya llegué*. Aunque no me parecía en nada al resto de los chicos, todos se animaron y me dieron la bienvenida, como si me respondieran, *Sí, ya llegaste. Eres una de nosotros*. No se dieron cuenta de que mis rodillas se golpeaban entre sí ni de que empezaba a marearme de nuevo. Pero me esforcé para no arruinar la audición, conteniendo mis rodillas y mis ganas de vomitar, y obtuve el papel de una divorciada coqueta.

Mi desempeño en el escenario fue bueno e incluso sobresaliente. Recibir aplausos y ver mi fotografía publicada en el periódico del bachillerato me hizo sentir chiquita en la escuela. Así fue como empecé a darme cuenta de la persona que quería ser en el mundo artístico.

Estar rodeada de otros artistas me permitió comenzar a abrirme y florecer. Acepté mi peculiaridad y busqué al resto de los chicos y chicas peculiares. Por ejemplo, mi amiga Elaine era diseñadora de vestuario y lo último que quería era pisar el escenario. Anderson era un poco solitario, pero también un verdadero genio; más tarde pasó tiempo en un hospital a causa de una crisis mental; ésa fue la primera vez que fui testigo de algo así. Liz se parecía a mí pero era judía. Juntas hicimos la coreografía de un baile en el que cada una interpretaba la sombra de la otra. No me llevaba con el grupo más popular en el Colegio Laboratorio porque solo les interesaba obtener la calificación perfecta en los exámenes SAT, pero me movía en distintos círculos y los chicos del teatro eran el grupo más diverso de la escuela: gente de distintos contextos que cuestionaba y jugaba con las normas de género, la orientación sexual y filosofías diversas.

La maestra y directora de nuestra clase de teatro era una profesional retirada y, sin embargo, su salón era el espacio donde bajábamos la guardia y la competencia pasaba a segundo plano. Mis amigos de teatro juzgaban mucho menos a los demás que el resto de nuestros compañeros, y parte de la razón por la que estábamos ahí era para crear una comunidad. Por supuesto, no dejamos de ser competitivos (cada uno se esforzaba por obtener buenos papeles en la siguiente obra), pero también pasábamos mucho tiempo abrazándonos y conviviendo. Me gustaba abrazar a mis amigos y a los de la clase de teatro también les gustaba abrazar.

Pensar en lo afortunada que era de estar en este lugar fue lo que me impulsó a seguir y me mantuvo centrada en todo momento. Sabía que asistir al Colegio Laboratorio era un privilegio y algo que mis padres habían elegido para mí. De hecho, se trataba de un mensaje que escuchaba con frecuencia, porque nos dejaban muy en claro que estaban inviertiendo dinero en nuestra educación y, como resultado, no quedaba suficiente para gastar en otras cosas que no fueran comida y nuestros viajes a México. Cuando naces fuera de Estados Unidos, para bien y para mal, cargas con un profundo y obligado sentido de agradecimiento que forma parte de tu vida cotidiana.

Esta es la razón por la que a los quince años trabajaba informalmente en una joyería para ganar mi propio dinero. Seguía los pasos de mi hermana, a quien la histórica y ya clausurada joyería Supreme Jewelers había contratado por tres dólares la hora. Después trabajé de mesera en la famosa pizzería Medici, donde aprendí a cargar una pizza estilo Chicago de sesenta centímetros a través de la multitud. No obstante, sin importar lo que hiciera, siempre sentí una especie de inquietud, un sentimiento persistente de que debía hacer más cosas, o trabajar más duro, o ser mucho más agradecida.

Empezaba a darme cuenta de lo que significaba el privilegio y de cómo se desarrollaba. Escuché a muchos de los chicos y chicas de mi bachillerato quejarse sobre los maestros y las clases y las tareas, o lo que es aún peor, ver que no les importaba nada. Desde mi perspectiva, no tenían idea de cuán buena era su situación; he ahí una muestra fehaciente de su privilegio. Mi amigo Anderson y yo solíamos sentarnos a platicar sobre la vida, la filosofía, la democracia y cómo hacer que los jóvenes (en este caso, nuestros compañeros de clase) se involucraran en estos temas. No lo supe en ese momento, pero nuestras conversaciones también fueron una especie de terapia que lo ayudó a luchar contra esa enfermedad mental aún sin diagnosticar. En mi caso, estas conversaciones me animaron a tomar cartas en el asunto.

Siguiendo los pasos radicales de mis hermanos, fundé una organización llamada Estudiantes por un Mejor Entorno. Traté de implementar un enfoque local para que mis compañeros se involucraran en el entorno escolar como una forma de activismo. Quería provocar a la gente, pero también procuraba ser conciliadora porque la inmigrante dentro de mí no quería parecer ingrata, que es prácticamente el peor pecado de un inmigrante. Nuestro grupo abogaba por tener más obras de arte en las paredes de los salones de clase y en los pasillos, una mayor interacción entre alumnos y maestros y espacios donde esto pudiera ocurrir y otras oportunidades para desafiar el *statu quo*.

Aunque recibí críticas por parte de algunos de los estudiantes más conservadores, quienes me tachaban de arribista, quizá demasiado revolucionaria, yo quería exhortar a mis compañeros a que apreciaran lo que tenían. Sentía que no eran más que un puñado de chicos y chicas privilegiados que habían asistido a la misma escuela privada desde que tenían cinco años. Muchas de las cosas que tenían las daban por sentado: un laboratorio de cómputo en una época en que las computadoras eran tan grandes como un pequeño refrigerador, un complejo deportivo renovado y alberca, una cafetería nueva, y un campus hermoso y moderno que contrastaba con la arquitectura gótica de la universidad. Yo trataba de encontrar mi propia voz como activista democrática en ciernes, y eso me alegraba. Pero Estudiantes por un Mejor Entorno sólo duró alrededor de dos meses.

Poco después hice un nuevo grupo de amigos peculiares y diferentes. Entablé una amistad cercana con dos hermanas iraníes, Leyli y Shirin, quienes me recordaban a mi familia mexicana. Nos dábamos besos y abrazos como lo hacían nuestras familias con sus amigos, aunque algunos chicos que venían de familias menos cariñosas que las nuestras nos llamaban lesbianas a causa de ello. Eran chiquititas, vestían muy bien y hablaban otro idioma en casa al igual que yo. El tono en el que les hablaban a sus papás era diferente al del resto de mis amigos. Al igual que yo, le mostraban respeto a su padre. Eran cariñosas con su mamá, como yo. No les respondían a sus papás, aunque yo empezaba a hacerlo con mucha más frecuencia. Descubrir una dinámica parecida en mis amigas iraníes fue como encontrar un espacio seguro donde podía relajarme y sentirme comprendida.

Otra amiga, Sarah, se pintó el pelo de negro y se hizo un corte *pixie*. Fue la primera chica en llevar botas Doc Martens a la escuela. También era muy independiente. Lo que más me intrigaba de ella era que tenía que cocinar la cena para su familia tres veces por semana porque sus padres intelectuales creían en la importancia de socializar el trabajo de una familia. ¡Rayos! Mi amiga Jenny acababa de regresar de la India con sus padres, ambos antropólogos y superestrellas de la academia. Una vez intentó besarme en la boca y yo no quise, pero éramos mejores amigas. Ella y yo nos vestíamos como niños de la India, con pantalones caftán y túnicas.

Muy pronto comencé a flotar libremente entre diversos grupos sociales: me llevaba bien con los marihuanos, me llevaba bien con los deportistas, me llevaba bien con los chicos formales. El lugar donde era más fácil encontrarme era la pista de baile. Si había algo que esperaba con ansias en el bachillerato eran los bailes; no me perdí ninguno. Recuerdo haber bailado con Michael Dickovitz en un evento en medio de la cafetería, que estaba iluminada con luces estroboscópicas moradas y rosas. La forma en que tocó mi cuello hizo que casi se me doblaran las rodillas. En otra ocasión hubo un maratón de baile que empezó a las ocho de la mañana y duró hasta la medianoche. Yo estuve ahí en el gimnasio de la escuela, bailando durante dieciséis horas en plataformas de corcho de doce centímetros. La gente llegó a identificarme con el baile y el teatro, y siempre estaba dispuesta a hacer ambas actividades.

Para cuando terminó el primer año de bachillerato, empezaba a encontrar mi propio camino.

CAPÍTULO 13

Loca por los chicos

Yo era una de las cuatro chicas en la escuela que usaban tacones.

Una de las cosas que aprendí intuitivamente de mi madre y de otras mujeres mexicanas fue su sentido del estilo: cómo se maquillaban los ojos, los labios, las cejas y el pelo, y cómo caminaban en tacones. Todo servía para llamar la atención de los demás, para que las voltearan a ver. Me gusta pensar en esto como una forma de amor propio, de la misma forma en que Frida Kahlo se vestía y se arreglaba como una obra de arte para salir a caminar a la calle con orgullo. Pero esta clase de atención al estilo femenino no sólo se trataba de amor propio. Cuando te conviertes en el centro de atención, puedes hacer que alguien más se fije en ti; y yo quería que un chico se fijara en mí.

En el bachillerato me esforcé por encontrar y tener mi propio *look*. Hice lo que pude con la ropa que heredaba de mi hermana y con el dinero que ganaba en la joyería y en la pizzería Medici, donde trabajaba de mesera. Podía comprar ropa en México y en las tiendas de segunda mano. Me transformé en una pajarita coqueta que constantemente agitaba sus alas y decía: *Ey, mírame, ¿acaso no soy linda?* La chica competitiva dentro de mí me veía competir con otras chicas por la atención de los chicos. Entonces decidí que conseguiría al chico que yo quería.

Durante mi primer año de bachillerato, en la gran obra de teatro montada en primavera, tuve un papel pequeño, pero la estrella del espectáculo fue un alumno de último año. Se llamaba John y era el estudiante más formal entre los formales. El estilo lo favorecía: lucía espectacular en sus pantalones caqui, su camiseta rosa de Izod y sus zapatos Top-Sider. Era perfecto en todo sentido, sobre todo bajo los estándares de un país que elogia a los chicos altos, delgados, blancos, heterosexuales, cisgénero y ricos.

La forma en que las personas de diferente género se veían y hablaban entre sí estaba cambiando. El movimiento de liberación de las mujeres las había empoderado para tomar el control y decidir sobre su cuerpo y sus parejas románticas. Parte del mensaje del movimiento era que las chicas podían mostrar abiertamente su atracción por los chicos e incluso tomar la iniciativa.

Antes del bachillerato, le oculté a mi papá cualquier "noviazgo" que hubiera tenido. Nunca podíamos hablar sobre chicos frente a él, ni siquiera de broma. Pero mi padre confiaba más en mí que en mi hermana porque siempre me la pasaba con mi hermano Jorge. Como era mi hermano mayor podía cuidarme, así que, a ojos de mi padre, yo estaba segura.

Justo antes del bachillerato, empecé a salir con un novio que era mayor que yo. Peter iba a segundo de bachillerato cuando mi hermano me lo presentó. Sus papás eran alemanes, por lo que hablaba alemán en casa y su familia comía *omelettes* de queso con jalea encima, algo que me parecía muy alemán de su parte.

Peter y yo coincidíamos a nivel intelectual. Él era un antropólogo y arqueólogo en ciernes que pasaba sus veranos en excavaciones examinando artefactos abandonados por los indígenas del sur de Illinois. Solía escribirme cartas de diez páginas a mano. Me gustaba estar a solas con él; era gentil y dulce. Nuestra atracción física no prosperó más allá de besarnos. Sin embargo, nuestra relación me causaba mucha confusión: solo nos veíamos fuera de mi casa, y la relación no duró mucho tiempo.

Luego, en mi primer año de bachillerato, me acerqué mucho a uno de los amigos de mi hermano. Yo le gustaba y él era muy dulce. Y bueno, de un momento a otro acabé con un chupetón en el lado derecho del cuello, algo que se sintió asqueroso cuando sucedió. Tuve que usar bufanda a diario durante una semana.

Una mañana, mi mamá entró al baño cuando no tenía puesta la bufanda. Fue una situación muy desagradable. Usó una palabra para describirme que nunca olvidaré. Sé que no era su intención herirme; la agarré desprevenida y se sintió aterrada. Su hija de catorce años se había estado besuqueando con un chico y ahora lo exhibía en su cara. Según mis papás, besarse con un chico no era algo digno de celebrarse, sino algo a lo que habías de temerle. Pienso que mi madre sabía que no me iba a casar con el primer chico que besara, así que mi relación con los chicos le preocupaba a muchos niveles. Ella solo podía recurrir a su propia experiencia de besar a un chico y luego casarse con él.

Una parte de mí sintió que había hecho algo malo. Convivir con novios secretos significaba que le estaba faltando al respeto a mi familia, y vivía con este sentimiento todos los días. Aunque cargaba con mucha culpa, a la vez disfrutaba esta pequeña racha de independencia y sentía curiosidad sobre mi propio cuerpo.

A la mitad del primero de prepa, luego de cortar con Peter, perder el interés por los demás amigos de mi hermano y haber tenido mi pequeña escapada con el chico que me dejó el chupetón en el cuello, había adquirido suficiente seguridad y experiencia como para sentir que podía hacer lo que quisiera (a pesar de la desaprobación de mamá y papá).

John, el chico formal que interpretó el papel protagónico en mi primera producción teatral, era completamente distinto a mí. Venía de una familia de banqueros y vivía en una casa enorme en Hyde Park. Su hermana mayor era famosa porque todos en la escuela sabían que había obtenido una puntuación perfecta en su prueba SAT. ¿Qué hacía yo, esta chica bajita, plana, con el pelo rizado rebelde, persiguiendo a este estirado chico blanco?

Yo decidí que él era el chico que quería. Perseguirlo sería

una prueba para ver si había perfeccionado el arte del coqueteo después de todo el tiempo que pasé observando a las mujeres en México. Lo conquisté coqueteándole descaradamente y siendo yo misma. Pasamos juntos un verano maravilloso justo antes de que él se fuera a la universidad, conversábamos sobre la vida y soñábamos sobre lo que haríamos en el futuro. De alguna manera asumíamos que estaríamos juntos por muchas décadas; habíamos planeado toda nuestra vida. Él trabajaría en un banco en Nueva York y yo en las Naciones Unidas.

En todo el tiempo que pasamos juntos, rara vez convivimos con su familia. Conocí a su madre solo una vez. Había escuchado el término "WASP" o "White Anglo-Saxon Protestant" (protestante anglosajón blanco) antes y apenas comenzaba a entender su verdadero significado. Además, yo estaba plenamente consciente de que no pertenecía a ese grupo. Nunca me sentí acogida ni vista por su familia. Sentí que nunca iba a estar a la altura de sus expectativas.

En contraste, John siempre era bienvenido en mi casa. Mi mamá amaba a John y le daba grandes besos que lo hacían sonrojarse. Sus mejillas color durazno se ponían rojas, al igual que la parte trasera de su cuello. A John le encantaba sentarse en nuestra alocada cocina con papel tapiz floral y escuchar la mezcla de español e inglés que iba y venía de un lado al otro de la mesa.

Yo solo iba a su casa cuando su familia no estaba, por lo que todo lo que hacíamos era un secreto. Seguía siendo divertido, pero era evidente que no me veía como la novia que podía llevar a casa para presentarles a sus papás. Comencé a dudar de mí misma. Nunca le pregunté a John por qué no me invitaba a pasar tiempo con su familia. Seguro hubiera dicho que no tenía idea de que me sentía excluida o menos valiosa, pero justamente así se ve el privilegio. A veces hace que la gente no se dé cuenta del sufrimiento ajeno y les impide entender lo que significa ser una mujer de color, mexicana, inmigrante y latina. Vivimos con muchas inseguridades en un país dominado de forma abrumadora por gente blanca. Así que, si te sientes inseguro de ti mismo, es algo normal, aunque sea injusto.

Durante el otoño, John partió hacia Wesleyan, una prestigiosa universidad ubicada en la Costa Este, y yo empecé mi segundo año de bachillerato. Era difícil tener una relación a distancia. Pasaba mucho tiempo al teléfono que estaba colgado en la pared de la cocina. La única forma de tener un poco de privacidad era alejándome hasta donde diera el cable en espiral de plástico del teléfono. En diciembre, unos días antes de que mi familia y yo saliéramos de viaje en carretera rumbo a México, los seis sentados en el auto recorriendo las autopistas invernales de Estados Unidos, John y yo tuvimos una conversación sobre lo que haríamos durante las vacaciones.

Le conté cómo era cruzar la frontera hacia México en auto y cómo cuando cruzábamos de regreso a Estados Unidos yo tenía que mostrar mi *green card* para entrar. Esto, por algún motivo, le pareció extraño.

—¿Por qué? —preguntó.

—Porque soy mexicana —respondí.

—No eres mexicana, eres estadounidense.

—Bueno, supongo que soy estadounidense porque vivo

aquí. Hablo inglés. Pero no tengo pasaporte estadounidense.

—¿Qué? No, no, no, tú eres estadounidense —insistía.

Sin duda, hoy esto podría considerarse *mansplaining*, o la explicación de algo por parte de un hombre a una mujer, de modo un tanto condescendiente. En ese entonces no existía una palabra que definiera esta conducta, pero cada vez que John argumentaba que yo era estadounidense, sentía como si eliminara y rechazara mi identidad orgullosamente mexicana. Mis padres me inculcaron ese orgullo. Aunque quería formar parte de Estados Unidos, también me sentía orgullosa de ser mexicana y latina.

Este momento me impactó y me confundió profundamente. Toda nuestra conversación giró en torno a mi identidad. El concepto de identidades interseccionales en el que convergen raza, nacionalidad, género y muchas otras cosas no era algo de lo que se hablara mucho en esa época. La gente hablaba sobre la experiencia de ser afroamericano en Estados Unidos, y era un tema que promovía el movimiento por los derechos civiles. Como inmigrantes mexicanos, entendíamos parte del asunto y de qué manera podía afectarnos. Sin embargo, aún no existía mucha conciencia sobre lo que yo experimentaba como inmigrante, como mexicana, como latina que vivía en dos mundos distintos. Todavía no existía una idea de la identidad latina.

En cambio existía la palabra "hispano", que la verdad no me gustaba mucho. El término fue adoptado por la administración del presidente Richard Nixon en la década de los setenta y después legitimado por el censo de población de

1980. Por un lado, resultó útil porque le permitió al Buró del Censo crear una categoría que podría representar de forma más precisa a la gente de Latinoamérica y ayudar a reservar recursos para estas comunidades. De hecho, el Consejo Nacional de La Raza había cabildeado para incorporar el término "hispano" al censo.

Por otro lado, la palabra es inapropiada y se basa en la idea de que los hispanos son personas unidas por su herencia hispanoparlante. Sin embargo, esto ignora el hecho de que el español es el idioma de los conquistadores y que Latinoamérica alberga a millones de indígenas que únicamente hablan español en la actualidad porque fueron obligados por los conquistadores de la península ibérica.

Rompí con John poco tiempo después de tener esa conversación. Quería tener novio, pero no a costa de algo que era profundamente importante para mí: mi identidad, la persona que era y que me enorgullecía de ser.

Para cuando llegaron las vacaciones de primavera de mi segundo año de bachillerato, había ahorrado suficiente dinero gracias a mi trabajo de mesera y compré un boleto de avión para visitar a una amiga en Londres. Recorrí Escocia y Gales, tomé el ferry a París y luego el tren a Niza para visitar a una amiga del bachillerato que estaba de intercambio ahí. Esta era la primera vez que viajaba sola por varios países extranjeros y fue estimulante. Me estaba convirtiendo en una mujer independiente que tenía la valentía de viajar adonde fuera y hacer amigos donde fuera. No necesitaba un novio para divertirme ni para ser la versión más genuina de mí misma.

CAPÍTULO 14

La guerra que nadie quería

Mientras el tiempo transcurría en lo que parecían ser años escolares demasiado largos y veranos muy cortos, el caos del mundo exterior seguía envolviéndonos a mi familia y a mí. Nunca sabíamos lo que veríamos al encender el televisor. La guerra de Vietnam continuaba. Era como una herida expuesta que supuraba a falta de un tratamiento adecuado, y se convirtió en una fuente de trauma, rencor y tristeza para el mundo entero.

Para nosotros (mi familia, la escuela, el vecindario), la guerra era personal. Conocía a gente mayor que yo, aunque no por muchos años, que había ido a la guerra. Todas las noches veíamos por televisión cómo mandaban soldados al frente de batalla, hombres jóvenes peleando en la selva espesa de Vietnam, y cómo descargaban bolsas de cadáveres de los aviones. Mis hermanos no podían ser reclutados porque no tenían la ciudadanía estadounidense, pero esto no quería decir que

El retrato familiar (sin mi padre), fotografía que se utilizó para nuestra documentación de inmigración.

Yo, de un año de edad, sentada en un parque al sur de Chicago.

En mi tercer cumpleaños en Boston, MA. Échale un ojo al vestido de fiesta y a la forma en que apenas podía sostener a mi bebé de juguete.

Mi primera comunión, para la que tuve que ponerme un vestido blanco, un velo y guantes.

Mi retrato de clase de séptimo grado. Siempre tan cohibida ante la imposibilidad de domar mi cabello.

Mi graduación de octavo grado, donde por fin pude usar arracadas grandes. No he parado desde entonces.

Mi primer maratón de baile en bachillerato. Usé plataformas durante doce horas seguidas y me sentía en el cielo.

En una obra de teatro del bachillerato, tomándome muy en serio mi papel como telefonista. Al fondo, Karl Wright, quien más tarde se convertiría en actor de televisión.

Este viaje cambió mi vida. Visitando a mi hermana
durante su primer año en la universidad. Me di
cuenta entonces de que yo quería hacer lo mismo.

Mi hermano Jorge y yo con *look* de principios de los ochenta.

En mi dormitorio de primer año en Barnard, rompiendo las reglas con mi gato, Che. Era una latina orgullosa, así que todo en mi habitación era mexicano. Queda claro también que estaba obsesionada con el Che Guevara.

Me encanta esta foto donde Cecilia y yo vamos muy arregladas en el metro. Esa noche la pasamos con una turista italiana que le dio un subidón a nuestro estilo de moda. ¡El graffiti detrás de nosotras estaba por todas partes a principios de la década de los ochenta en Nueva York!

Antes de convertirme en periodista, fui una activista orgullosa. Las mujeres poderosas me enseñaron a dar un paso al frente y tomar el micrófono. Aquí estoy liderando una protesta en Times Square por el Día Internacional de la Mujer. Pedía solidaridad con las mujeres centroamericanas, lo que sigo haciendo hoy a través del periodismo.

Mamá y papá el día de mi graduación de la universidad de Barnard en junio de 1985. El brazalete que llevo era una muestra de solidaridad con la lucha para acabar con el apartheid en Sudáfrica.

Mi mejor amigo David preparándose para conducir conmigo por todo el país en 1986. Íbamos de Washington, D.C. a mi nuevo trabajo en San Diego. ¡Acababa de recibir mi licencia apenas un mes antes!

Yo, Ceci y nuestra amiga Victoria Tobon en la playa de Botafogo en Río de Janeiro, Brasil.

apoyáramos la guerra. No queríamos estar en guerra con nadie.

La cobertura mediática de la guerra de Vietnam fue brutal y, dado que no había tantos filtros, era más honesta que cualquier transmisión antes vista de un conflicto bélico en televisión. Fue la primera guerra televisada, por lo que el gobierno dio acceso casi ilimitado a los periodistas. Entonces, la gente pensó que mostrar todo era la forma correcta de cubrir un acontecimiento de ese tipo en televisión.

Es probable que tú, querido lector o lectora, nunca hayas visto imágenes tan gráficas como las que vimos nosotros porque hoy en día ya no está permitido mostrarlas en televisión. No obstante, fueron esas imágenes las que inspiraron las protestas públicas que pusieron fin a la guerra de Vietnam.

Los periodistas que cubrieron la guerra de Vietnam llevaron sus cámaras al campo de batalla y contaron la cruda verdad acerca de la situación. Esa verdad era presentada al público estadounidense cada noche e instó a la gente a protestar. Ahí comencé a entender el impacto del periodismo. Educar a la gente y compartir cierta información con ellos generó diferentes tipos de respuestas. Algunas personas salieron a las calles, otras fueron a votar, otras querían aprender más y asistieron a la universidad.

¿Por qué Estados Unidos atacaba en un lugar llamado Vietnam? La televisión mostraba imágenes de madres, bebés y niños llorando. Los fotógrafos captaron imágenes de vietnamitas que temían por su vida a manos de los soldados estadounidenses. Las imágenes del paisaje mostraban un país hermoso, verde y exuberante, la viva imagen de la tranquilidad hasta que regresaban las bombas y las explosiones a la pantalla.

Escuché hablar mucho sobre "el enemigo", el Viet Cong, y sobre lugares que nunca había visitado como Hanói, Laos y Nom Pen en Camboya. Había que detener al Viet Cong y matar a sus soldados porque el gobierno estadounidense decía que eran una amenaza. Cuando vi la foto de una pequeña niña vietnamita que corría desnuda hacia la cámara, con el cuerpo destrozado y quemado, y con napalm escurriendo de las puntas de sus delicados dedos en la portada del *New York Times*, estaba conmocionada y avergonzada. Su nombre era Phan Thi Kim Phúc y era un poco menor que yo. Su pequeño cuerpo preadolescente me recordó a cómo lucía el mío a esa edad. Me di cuenta de que podría haber sido yo. Ella no era mi enemiga, ni tampoco el resto de los vietnamitas.

Los medios de comunicación hablaban sobre Vietnam todo el tiempo y, sin embargo, nunca escuchamos hablar a los vietnamitas, nunca escuchamos su verdad. Al ser una familia de inmigrantes mexicanos, nos sentimos identificados con ese sentimiento de anulación e invisibilidad. Tampoco habíamos escuchado la voz de alguien con el marcado acento mexicano de mi padre hablar sobre teorías científicas en televisión.

En Estados Unidos habíamos presenciado el racismo en televisión: personas blancas (hombres y mujeres) indignadas que les gritaban a los afroamericanos por protestar por sus derechos civiles y amenazaban a los jóvenes blancos que los apoyaban o afirmaban ser sus aliados. También fuimos testigos del racismo contra los vietnamitas. Nada de esto tenía sentido. ¿Por qué enviábamos a hombres jóvenes a pelear a la guerra?

Que murieran miles de vietnamitas y estadounidenses era terrible e ineludible.

A pesar de que el presidente Richard Nixon no fue responsable de iniciar la guerra de Vietnam (de hecho, dijo que planeaba ponerle fin), fue el más condenado por ello y por el resto de las cosas que hizo para empañar la oficina presidencial.

Mi hermano Raúl tenía un cartel enorme detrás de la puerta de su cuarto que mostraba a Richard Nixon sentado en un excusado fumándose medio porro, luciendo terrible, con el rostro arrugado y sucio y los pantalones alrededor de los tobillos, mientras decía: "No soy un criminal". Era prácticamente fosforescente y muy desagradable, pero simbolizaba lo que llegamos a pensar sobre la política de Estados Unidos en general, y sobre Nixon en particular.

La primera vez que experimenté el duro golpe de una pérdida electoral fue cuando Nixon, el presidente republicano en ejercicio, ganó la elección presidencial de 1972 contra el candidato demócrata George McGovern. Sólo mi papá podía votar en la familia, y su voto fue para McGovern. No sabía mucho sobre el proceso de votación o sobre cómo la supresión del voto afroamericano durante décadas había mantenido a este segmento de la población lejos de las urnas. Toda la gente que conocía en Hyde Park, Chicago, votó por McGovern: entonces, ¿cómo era posible que Nixon hubiera ganado? Me hizo reflexionar sobre las personas que no conocía en este país. Más adelante entendí que la política electoral era otro factor de división racial. Prácticamente toda la gente blanca en Estados Unidos había votado por Nixon.

Durante el verano de la campaña de reelección presidencial de Nixon en 1972, se supo de un escándalo llamado Watergate. En ese momento no tenía idea de que se trataba de un complejo de edificios. Watergate, en Washington, D.C., era conocido por sus hermosos patios con vistas al río Potomac. Varios ladrones fueron arrestados por irrumpir en las oficinas del Comité Nacional Democrático (DNC, por sus siglas en inglés) en el edificio Watergate. Nixon juró que ni él ni el personal de la Casa Blanca estaban involucrados en el asunto.

Luego, después de la reelección de Nixon, se reveló la existencia de Garganta Profunda, el nombre secreto de una fuente que proveía información sobre el escándalo de Watergate a dos periodistas, Bob Woodward y Carl Bernstein. Estos periodistas revelaron que Nixon, pese a haber afirmado su inocencia en ocasiones previas, había intervenido ilegalmente y robado información de la oficina de campaña de McGovern en la sede del Comité Nacional Democrático. Esto podría parecer una nimiedad en comparación con todo lo que Estados Unidos vivió con un presidente como Donald Trump, quien violó la ley de forma consistente y desfachatada, pero Watergate fue el primer caso de corrupción gubernamental descarada de la era mediática moderna. Realmente conmocionó a la gente.

El juicio de corrupción gubernamental fue televisado. La gente comenzó a exigir que se realizaran investigaciones públicas y por parte del gobierno. A diario, la cobertura televisiva en todos los canales consistía en audiencias del congreso. Luego, de repente, salieron a la luz audiocasetes con las conversaciones más privadas del presidente. Pasábamos las tardes escuchando la voz de Richard Nixon en casetes con sonido de baja calidad. Muchas partes fueron censuradas con un pitido porque resultó que Nixon era muy mal hablado. El presidente de Estados Unidos, el hombre que se vendía como un santo, protector y hombre de leyes, en realidad era conspirador, grosero y corrupto. Nunca antes se había transmitido algo así por televisión y fue fascinante.

En México era costumbre ver carteles políticos pegados por todas partes, era como si todo el tiempo se llevaran a cabo elecciones. No obstante, descubrí que mis primos nunca votaban. Uno de ellos me explicó que solo uno de los partidos políticos iba a resultar ganador y que los demás eran una farsa, condenados a perder para que el partido dominante luciera bien. Las elecciones estaban arregladas. Aunque entendía el concepto de corrupción, no entendía por qué funcionaba así en México. Entendía el concepto de "dar mordida". Entendía que existía una manera de hacer las cosas fuera de la ley. Y ahora entendía que en México nadie respetaba la política ni a los políticos.

De cierto modo, el hecho de rendirle honores a la bandera de Estados Unidos cada mañana me hizo creer en su promesa de "libertad y justicia para todos". Me había tragado la historia de que Estados Unidos y su democracia eran excepcionales y superiores a los gobiernos de otros países. Sin embargo, ahora el presidente enfrentaba un posible proceso de destitución, algo que tampoco había escuchado antes pero que a todas luces no era algo bueno para un presidente. Si no quería que el Congreso le hiciera un juicio político y lo destituyera de su cargo, Nixon tendría que renunciar.

La noticia fue motivo de celebración en nuestra casa, y se anunció la hora en que Nixon aparecería en vivo en televisión para hacer sus últimas declaraciones. Era sábado y, buscando la oportunidad de convivir con mi hermano mayor y sus amigos, los convencí de ir a la pizzería Medici donde transmitirían por radio la dimisión en vivo para toda su clientela.

Mis papás nos habían dado dinero extra a mi hermano y a mí para que lo gastáramos en nuestros *sundaes* favoritos: uno de caramelo caliente y otro de Amalfi con crema batida, ambos servidos en vasos altos para helado con nueces picadas tostadas. Lo que hacía que sus *sundaes* fueran especiales era el caramelo caliente que le ponían al fondo del vaso y la cucharada extra que añadían encima de todo. Mientras le daba una generosa probada a mi helado, escuché a Richard Nixon decir: "Nunca he sido una persona que renuncie a las cosas. Irme antes de completar mi mandato va en contra de mi instinto. Sin embargo, como presidente, debo poner los intereses de Estados Unidos primero… Por ende, renunciaré a la presidencia con vigencia a partir de mañana al mediodía". Todos los comensales estallaron en aplausos. Sentí que formaba parte de un evento histórico.

Mi familia había dejado México por muchas razones, pero una de ellas era que allí no existía la democracia. Habíamos venido al país que no solo tenía una democracia efectiva, sino supuestamente la mejor democracia del mundo, y ahora sabíamos que esto era básicamente una mentira. Lo único que diferenciaba a Estados Unidos del resto de los países era que habían atrapado al villano con las manos en la masa y que tendría que enfrentar las consecuencias. Aun así, Estados Unidos era igual que cualquier otro país en términos políticos. Solo era tan bueno como la gente que lo conformaba, y cualquier democracia efectiva requiere sistemas que permitan la participación de la gente.

La dimisión del presidente Nixon fue un momento definitorio para mí. Destruyó la ilusión de que no teníamos que hacer nada para mejorar la democracia estadounidense porque ya era excelente. En vez de repetir el Juramento de Lealtad en automático, llegué a cuestionarlo. Toda la gente a mi alrededor también lo cuestionaba. Esto era lo que se suponía que debía hacer un buen estadounidense: cuestionar, protestar, exigir mejores condiciones. Si queríamos que la democracia estadounidense cumpliera sus promesas, tendríamos que hacer algo para lograrlo.

El periodismo fue parte de esta promesa de querer mejorar las cosas. Fue Garganta Profunda, la fuente anónima de nombre peculiar, quien proporcionó la información a los periodistas que destaparon el escándalo de Watergate. Sin periodistas intrépidos como Woodward y Bernstein, nunca hubiéramos sabido la verdad. Estaba aprendiendo que enfrentar al poder con la verdad es lo que caracteriza a una verdadera democracia.

Este no fue el momento en que pensé en volverme periodista, no había mujeres periodistas que contaran la historia de Watergate en ningún medio. Mucho menos mujeres latinas o de color. Todavía no me visualizaba como periodista profesional porque no tenía ningún modelo a seguir que se pareciera a mí. Los periodistas eran hombres blancos elogiados por el resto de las personas.

No obstante, cada vez había más gente de color en la televisión, ya fuera en el programa *Laugh-In* o en la serie de comedia *Los Jefferson*. En el popular programa *Mi familia*, el tío racista de Queens interpretado por Carroll O'Connor se refería a su yerno de izquierdas, interpretado por Rob Reiner, como cabeza hueca. En ese momento, eso era lo más cercano a una confrontación sobre el racismo en Estados Unidos.

Mientras tanto, en mi casa, la política se convirtió en el pan de cada día. Las protestas sobre Vietnam saturaban la cultura. El símbolo de amor y paz se convirtió en la representación gráfica del momento.

La guerra de Vietnam llegó a su sangriento fin en 1975. A la primera guerra televisada le siguió la primera crisis de refugiados televisada. Sin embargo, en vez de mostrar compasión por la gente que no había hecho nada malo, la mayoría de los estadounidenses se oponía a que el gobierno trajera refugiados vietnamitas a Estados Unidos simplemente porque eran diferentes.

Los hombres que dirigían nuestras salas de redacción eran blancos, heterosexuales y privilegiados. Desde su privilegio se referían a los refugiados, seres humanos absolutamente desprotegidos que estaban dispuestos a dejar todo atrás y hacer lo que fuera para sobrevivir, como "la gente de los botes". Esto es lo que sucede cuando una sala de redacción deshumaniza a la gente.

La forma en que los periodistas se referían a los vietnamitas en televisión, y el hecho de que nunca nadie les pidiera que hablaran u opinaran sobre lo que les sucedía a ellos y a su país me mostró el tipo de periodismo que quería ejercer (aunque no lo supiera en ese momento). Quería escuchar a los refugiados vietnamitas y a todos aquellos a quienes no se les permitía tener voz. Su silencio fue lo que me inspiró a convertirme en periodista. Su silencio me motivó a hablar, pero también a escuchar. Por supuesto, aún no había descifrado todo esto, pero ya había indicios de una idea.

Pero primero tendría que sobrevivir al resto del bachillerato.

CAPÍTULO 15

La vida después del bachillerato

❦

El bachillerato es una etapa en la que muchos minimizamos nuestros propios pensamientos y experiencias, pues creíamos que lo que teníamos que decir era trivial o que no marcaría ninguna diferencia. Te lo digo desde ahora: por favor no hagas eso. Cada una de tus ideas es parte de ti. Cuando expresas algo que surge de tu boca, tu cerebro, tu historia, tu legado, tu ADN, siempre es algo único, porque proviene específicamente de ti. ¿Por qué no lo dices en voz alta? ¿Por qué no levantas la mano y haces la pregunta?

Durante todo el bachillerato quise ser igual a los demás. Algunas chicas de la prepa, que claramente no eran blancas, al parecer no tenían el mismo tipo de problemas en torno a la identidad, el origen étnico o la raza que yo. Eran capaces de ponerse sus zapatos Top-Sider y pantalones caqui con la misma facilidad que mi exnovio fresa. ¿Cuál era mi problema? ¿Por qué no podía yo hacer lo mismo?

Mi percepción era que todos los demás eran felices, obtenían buenas calificaciones y sabían exactamente lo que querían hacer. En realidad, yo no era la única persona que sentía que batallaba con la vida; todos querían ser otra persona. Esta idea de sentirse abrumado por la ansiedad, el síndrome del impostor, las inseguridades o la depresión nos acechaban a mis compañeros y a mí, pero nunca hablábamos al respecto. Algunos se perdían en el viaje con ácidos u otras drogas. Otros se internaban en lo que en aquel entonces se conocía como el pabellón psiquiátrico; algunos salían y otros no. También conocíamos a otros que se habían suicidado.

Resultaba aterrador ser testigo de esto cuando aún estábamos en el bachillerato. Dado que no se hablaba abiertamente de estos temas en nuestra escuela, cada uno de nosotros tuvo que resolverlo por su cuenta y valerse por sí mismo. Ninguno de nosotros estaba consciente del trauma con el que vivía luego de presenciar una década de brutalidad policiaca, de racismo y de la guerra en Vietnam.

Por si esto fuera poco, la escuela también era un desafío. El Colegio Laboratorio era el mejor bachillerato privado en Chicago y uno de los mejores en el país. Me encantaban mis clases, pero eran difíciles. Al igual que al resto de mis compañeros, la escuela me hacía sentir como si constantemente nadara a contracorriente.

Para lidiar con esto, muchos rentábamos un par de audífonos grandes y voluminosos de la biblioteca, encendíamos el reproductor de discos de acetato y nos sentábamos a escuchar música para procesar todo lo que sucedía a nuestro alrededor.

Cuando el mundo dejaba de tener sentido, al menos podíamos recurrir a la música. Había superado mi adicción a Elton John y ahora escuchaba a cantantes como David Bowie, grupos como Earth, Wind and Fire y *jazz* interpretado por Stanley Turrentine y Dave Brubeck.

Con el tiempo comencé a sentirme más cómoda en mi propia piel y aprendí a aceptar las cualidades que me diferenciaban de los demás. Me di cuenta de que mi mexicanidad era lo que me hacía sentir arraigada. Me había prometido a mí misma que nunca sería como mis compañeros estadounidenses, por lo que lo único que me quedaba era ser yo. Y en lo que respecta al trabajo escolar, gracias a la ética laboral de mi papá aprendí que si quieres mejorar en algún aspecto, tienes que ser constante y nunca darte por vencido. Comprometerte. Había que trabajar, trabajar, trabajar, trabajar y trabajar.

Una de las mejores cosas que descubrí en el bachillerato fue la biblioteca. Dado que el Colegio Laboratorio formaba parte del campus de la Universidad de Chicago, teníamos acceso a la nueva Biblioteca Regenstein de la universidad, ubicada en un moderno complejo cuadrado de vidrio ancho con múltiples pisos. Había ventanas por todas partes, hileras de libros, rinconcitos de lectura y salas de conferencias acristaladas donde podías sentarte y trabajar en silencio con un grupo de amigos.

La biblioteca era mi refugio, un lugar al que podía ir para recuperar la calma que me robaba el intenso estrés del bachillerato. Iba todas las noches a las ocho y a menudo me quedaba hasta las once y media antes de irme a casa. Fue ahí donde trabajé cada noche para compensar esa sensación de que no escribía bien o de que no entendía el material que nos daban en clase, a pesar de que obtenía calificaciones satisfactorias.

Cada vez que tenía que escribir un trabajo nuevo, era como si tuviera que demostrar que podía hacerlo otra vez. Entonces me recordaba a mí misma que había pasado la prueba para entrar a la escuela. Sí pertenecía ahí. Pero todos mis logros anteriores desaparecían cuando nos asignaban un trabajo nuevo, como escribir un ensayo de doce páginas. A veces me pedían analizar las obras de un autor. Otras veces había que escribir un ensayo sobre historia política y entonces iba a los estantes de la biblioteca para investigar y consultar números antiguos de las revistas *Congressional Quarterly* y *Foreign Affairs*. Aunque tenía miedo de enfrentar una tarea que me parecía académicamente intensa, también me sentía fascinada. ¿Qué era esto de la política exterior? ¿Quién escribía para esta revista tan conservadora llamada *Congressional Quarterly*?

Al terminar primero de bachillerato, de inmediato me inscribí en la escuela de verano. Tenía miedo de fracasar y quería implementar estrategias que pudieran ayudarme. Si te sientes abrumado, ¿qué puedes hacer para remediarlo? Busca estrategias de supervivencia. Yo tenía que lidiar con la carga de trabajo y mis propias inseguridades para hacer la tarea, por lo que busqué oportunidades en donde pude para asumir mi poder. Estaba descifrando las cosas paso a paso, poco a poco.

La escuela de verano me permitió enfocarme en una o dos clases a la vez. Así que cuando llegó el verano seguí yendo a la biblioteca todos los días y encontrando un rinconcito o una sala de conferencias o un lugar en los estantes para bajar la cabeza y ponerme a estudiar. Me codeé con estudiantes universitarios, estudiantes de maestría, doctores y estudiantes de leyes en la misma biblioteca, y llegué a la conclusión de que no eran superhumanos. Yo estaba haciendo lo mismo que hacían ellos. Muchas veces la gente me confundía con una estudiante universitaria y esto me ayudó, en parte, a verme como alguien que iría a la universidad y continuaría este tipo de estudios.

Una parte de mí amaba la escuela de verano. Le dio ritmo y estructura diaria a mi vida. Cada mañana me levantaba temprano para ir a clases y luego en la tarde trabajaba en la joyería, o más tarde, en el restaurante. Siempre estaba ocupada. La inmigrante en mí no paraba de trabajar, siempre estaba dispuesta a aceptar otro trabajo y, al igual que mi padre, trataba de encontrar la alegría en ello.

Nuestro bachillerato tenía un programa especial para estudiantes superinteligentes que querían terminar la escuela en tres años y medio. Esos estudiantes enloquecían al sobrecargar sus horarios de clases durante el año escolar para poder graduarse antes y aprovechar oportunidades increíbles antes de ir a la universidad. Algunos se fueron a trabajar en laboratorios para hacer investigación médica. Otros obtuvieron becas para viajar. Lo importante es que ya no estaban en la escuela y que habían dejado el bachillerato atrás. Estaban dando el siguiente paso.

Aunque yo no pertenecía a ese grupo de chicos, resultó que, gracias a que había obtenido muchos créditos extra por asistir a la escuela de verano, era elegible para hacer lo mismo que ellos. En algún punto, mis padres y yo hablamos sobre la posibilidad de graduarme antes, ya que esto les ahorraría un semestre de colegiatura. Si ellos estaban de acuerdo con que me graduara antes del bachillerato, entonces yo estaría lista para dar el siguiente paso. Tenía la esperanza de que este paso me llevara hacia el sur.

México había sido una parte fundamental de mi identidad en la primaria, pero esa parte había permanecido medio dormida durante el bachillerato. Quería reconectarme con mis raíces mexicanas y plantar mi bandera en ese lado de la frontera. Había crecido en Chicago y conocía bien la ciudad. Era momento de volver a la metrópoli cosmopolita que me vio nacer: la Ciudad de México.

Diseñé un proyecto para el periodo después del bachillerato en el que partiría en enero de mi último año y me mudaría a México. Encontré dos posibles programas de estudio. El primero era un programa artístico en San Miguel de Allende, pero estaba dirigido a estadounidenses que quisieran vivir en México. La mayoría de las clases se impartía en inglés desde la perspectiva de un estadounidense en México, algo que hubiera sido muy fácil para mí. Sin embargo, parte de lo que trataba de entender era que no quería ser una estadounidense en México, sino una mexicana en México.

La segunda opción era tomar clases con el afamado Ballet Folclórico de México en el Palacio de Bellas Artes de la Ciudad de México. Había bailado sobre y fuera del escenario durante todo el bachillerato y había hecho muchos amigos en la pista de baile. Añoraba conectarme con el movimiento dentro de mi cuerpo y alejarme de la música disco. Aprender estas danzas centenarias quizá me ayudaría a entender con mayor claridad lo que sentía y lo que buscaba.

Chicago había sido el escenario de muchos momentos formativos de mi vida hasta este punto. Fue ahí donde aprendí sobre Martin Luther King Jr., fui testigo de la tensión racial entre negros y blancos, me uní a protestas antiguerra y experimenté con el noviazgo, los grupos del bachillerato y las noticias nocturnas en la televisión.

Lo mismo sucedió con México. Aunque solo pasaba entre cinco y seis semanas al año en el país donde nací, allí ocurrieron cosas que me cambiaron la vida y dejaron una huella imborrable en mí. Algunos de estos momentos fueron hermosos, como la experiencia de estar junto a cien personas, todos miembros de mi familia, en un solo espacio. Otros fueron más aleccionadores, como darme cuenta de que uno de mis tíos era alcohólico o descubrir que mi abuelo mantuvo dos casas para poder vivir con su amante mientras seguía casado con mi abuela.

Mi lado mexicano aún trataba de definirse a sí mismo. Así como sentía que me encontraba en una competencia tácita con las chicas estadounidenses, también me comparaba con las chicas mexicanas. Entre mis primas en México había chicas remilgadas, investigadoras de antropología, arqueólogas y poetas. Yo quería ser más mexicana como ellas, pero también quería ser bonita, inteligente, divertida y coqueta. Pero, sobre todas las cosas, tenía la determinación de ser una profesional. Tendría un trabajo, una carrera, y me encargaría de ser mucho más que un ama de casa.

Mis papás siempre trataron de enseñarnos cuál era el lugar de donde veníamos, y por eso se aseguraban de llevarnos a museos y sitios arqueológicos en México. Me decían que, para entender quién era yo, debía profundizar mucho en el pasado. Yo estaba lista para seguir sus pasos y explorar mi propio México. ¿Qué era? ¿Cómo se veía? Yo entendía cosas sobre Chicago en Estados Unidos, por ejemplo: cómo moverme en camión y tren, dónde comprar comida, cuáles eran los distintos vecindarios que conformaban la ciudad. Sin embargo, no conocía esas partes de la Ciudad de México, mi ciudad natal.

Finalmente, me propuse mudarme a la Ciudad de México y hacer el programa de danza folclórica en vez de estudiar en la escuela americana en San Miguel de Allende. Esto me permitiría investigar sobre mis raíces indígenas, desarrollar mis habilidades dancísticas y explorar mi identidad mexicana. Mi hermana mayor, Bertha Elena, había estudiado Antropología en la Ciudad de México y en Costa Rica durante la universidad. En parte, ella me inspiró a hacer lo mismo.

Tras cursar las últimas materias en el otoño de mi último año de bachillerato, viajé a México con mi familia como lo hacíamos cada año. Este año mis padres me dieron permiso de pasar Año Nuevo con mi hermano mayor, Raúl, algo impensable porque él era muy irresponsable y por lo general nunca quería estar cerca de mí. Sin embargo, yo había madurado. El plan era que yo me quedara en México después de las vacaciones para empezar mis clases en la Ciudad de México. Raúl respetó mi decisión y ahora pensaba que yo era muy *cool*. Me invitó a pasar Año Nuevo con él y sus amigos hípsters en una playa de Oaxaca. Por tratarse de mi hermano, mi mamá y mi papá dijeron que sí sin pensarlo dos veces.

En la víspera de Año Nuevo, mientras convivíamos en la playa con un grupo de amigos, bailarines y artistas bohemios (tanto europeos como mexicanos), unos chicos locales decidieron que, como estábamos en una isla apartada en medio de la nada y sin nadie a nuestro alrededor, era el momento indicado para robarnos dinero y otros objetos de valor. Nos asaltaron a punta de pistola en una mano y un machete en la otra. No fue la mejor manera de empezar el año, pero al menos salimos ilesos.

Sin embargo, cuando llamé a mis papás desde la estación de policía, el plan de explorar mi identidad mexicana y raíces indígenas a través de la danza se fue al diablo. Mis padres me dijeron que no era tan madura como habían pensado en un inicio, que el incidente en la playa era prueba de que era incapaz de tomar buenas decisiones, que me puse en peligro, que pudieron haberme violado. Me dijeron que me llevarían de regreso a Chicago.

Peleé, imploré, lloré, hice puchero, les apliqué la ley del hielo, pero nada de esto funcionó. Iba de regreso a Chicago a pesar de haberme graduado antes del bachillerato. Muy pronto volvería a mi habitación de niña pequeña con el papel tapiz de flores rosa. Era una mujer desconsolada sin rumbo claro.

CAPÍTULO 16

En un minuto neoyorquino

Luché con todas mis fuerzas para quedarme en México. Sin embargo, aunque era rebelde e independiente, tampoco podía huir de casa, mucho menos a la Ciudad de México donde las únicas personas con las que hubiera podido quedarme eran familiares que me obligarían a volver a casa. No podía abandonar a mis padres de esa forma. Mi vida cambió de rumbo y pensé: *Bueno, quizá debería dejar que las cosas fluyan.*

Recuperé mi empleo en la pizzería Medici y decidí trabajar tanto como fuera posible para ahorrar dinero. Como ya no iba a concentrarme en danza folclórica mexicana, puse la mira en la actuación. No tenía nada que hacer, ningún ensayo que escribir, ninguna presión académica, y comencé a pensar en la actuación como una carrera con mucha mayor seriedad (aunque no lo compartí con mi papá).

Me inscribí en clases de actuación para principiantes en el teatro Victory Gardens. Pasaba dos días a la semana ahí conviviendo con estudiantes universitarios, veinteañeros y adultos más grandes que trataban de descubrir si tenían el talento suficiente para convertirse en actores profesionales. Creo que a mis compañeros de mayor edad les gustaba tener a una estudiante de bachillerato en el grupo y me trataban como a una igual. Nos hicimos amigos y pasamos tiempo juntos. Algunos de ellos lo lograron, pero a mí nunca me ofrecieron un papel en ninguna obra.

También empecé a tomar clases de baile con regularidad, aunque no hubo oportunidad de proponer coreografías como lo había hecho en el bachillerato. Volví a acostumbrarme a mi antigua rutina. Justo así me sentía; como si me estuviera acostumbrando a una situación que ya había vivido o a un lugar en el que ya había estado, en vez de evolucionar y hacer un cambio drástico, que era justo la expectativa que tenía sobre aquella etapa de mi vida.

Empecé a llevarme más con mi hermano Raúl, quien era cinco años mayor que yo y que ya estaba en el posgrado. Comencé a ponerle atención y a escuchar su opinión sobre política económica, desigualdad y las estructuras del racismo. Hablaba sobre conocer artistas de *jazz* afroamericanos como Dizzy Gillespie e ir a los bares del sur de la ciudad como Teresa's y Checkerboard Lounge. Además, convivía con quienes estaban por lanzar al primer candidato latino y mexicano en postularse a un cargo público en la ciudad de Chicago.

Me di cuenta de que podía cruzar la frontera a México sin salir de Chicago. Lo único que tenía que hacer era encontrar el camino de regreso a Pilsen, el vecindario donde había hecho esos viajes de compras de fin de semana con mis padres. El barrio mexicano estaba repleto de mexicanas latinas de Chicago que estaban cambiando las cosas. Eran mujeres veinteañeras y treintañeras que habían sido activistas durante muchos años, lo cual fue un recordatorio de que los frutos del activismo a menudo no se consiguen en uno o dos años, sino en cinco, diez o veinte años de trabajo dedicado. Habían creado una organización llamada Mujeres Latinas en Acción, y eso era exactamente lo que eran. Ellas notaron que las mujeres de la comunidad sufrían abusos por parte de los hombres y tomaron cartas en el asunto para crear un lugar donde las mujeres mexicanas y latinas pudieran estar seguras y también verse reflejadas como las mujeres poderosas, ciudadanas e inmigrantes que eran.

Comencé a asistir a reuniones de activistas locales y eventos artísticos en Pilsen, lo que profundizó mi relación con el barrio mexicano, pero esta vez bajo mis propios términos. Mis experiencias previas en Pilsen habían dependido de que mi mamá y mi papá me llevaran y fueran mis guías. No sé qué hubiera hecho sin mi mamá en el supermercado. Yo no sabía hablar en español con la gente como lo hacía mi mamá. Y ahora visitaría este lugar yo sola y forjaría nuevas conexiones con la gente que vivía y trabajaba ahí. Mi gente.

Por medio de mi hermano Raúl conocí a su amiga Beatriz, quien era activista profesional. Beatriz se había criado a las afueras de la Ciudad de México, pero se había mudado a Los Ángeles como una activista laboral en ciernes. Luego se trasladó a una ciudad donde al parecer estaban sucediendo muchas cosas. Si estabas interesado en la política latina, entonces sabías que Chicago era una ciudad atractiva y prometedora. La política callejera local en Chicago es legendaria (recordemos que ahí fue donde Barack Obama hizo sus pininos).

Beatriz era una administradora avezada que se dedicaba a organizar a los trabajadores mexicoestadounidenses en Chicago para que exigieran sus derechos laborales y se vieran a sí mismos como parte de un movimiento binacional de trabajadores sin fronteras. Era más o menos diez años mayor que yo, pero me trataba como a una igual, una compañera, una mujer.

Un día, después de asistir a una reunión en Pilsen, Beatriz me invitó a tomar un refresco ya que mi hermano iba a llegar tarde por mí luego de asistir a una reunión para organizar una gran protesta sobre derechos laborales. Nos condujo en su lindo cochecito al corazón residencial del barrio mexicano. Tras subir dos pisos, entré a un espacio que me impactó tanto que hasta me provocó mareo. Había estado en espacios así en México, pero no en Chicago.

Había carteles políticos junto a fotografías enmarcadas de Frida Kahlo. Las paredes estaban pintadas de rojo, azul y amarillo, y la cocina tenía platos y tazas de cerámica pintada como en el mercado. Había cobijas San Marcos y rebozos de distintos colores colgados en la pared junto a una virgencita de Guadalupe. La virgen había sido un símbolo para mi abuelita, pero aquí, en este departamento del barrio, ella me hablaba a mí. Me mostraba cómo se veía una versión futura de mí misma: cómo una mujer mexicana, latina, feminista e independiente podía construir una vida propia.

Reconocí partes de mí en Beatriz, algo que fue fundamental para definir el tipo de persona que quería ser. Me mostró una imagen concreta de cómo se veía mi vida, y a mí me gustó aquella visión. Ahora resulta extraño pensar que un departamento minúsculo de una sola habitación en Pilsen trastocaría mi vida de la forma en que lo hizo. Vamos, no era más que un departamento bonito. Sin embargo, a mí me ofreció un vistazo de lo que podía ser. Esta experiencia visual, visceral y corporal me tocó hasta la médula.

Como era la menor de cuatro hijos, para cuando abrí las alas y me aventuré al mundo mis padres ya lo habían visto todo y se sabían todos los trucos. Prácticamente habían experimentado todas las discusiones, frustraciones, crisis, castigos, reacciones exageradas y dramas posibles al ver a sus hijos convertirse en adultos. Yo me portaba bastante bien de niña. Había actuado en obras que quizá parecían ser un poco arriesgadas para el bachillerato. Me habían cachado con un novio y sabían que había tenido varios otros, pero no era una niña difícil. Era muy buena estudiante y, en términos generales, una compañía divertida.

Además, mis padres estaban ocupados. El trabajo de mi padre en el implante coclear estaba despegando. Cada vez estaba más cerca de alcanzar su sueño de crear un aparato que le permitiera oír a la gente sorda. Mamá trabajaba duro en la tienda minorista de ropa y disfrutaba su independencia y la relativa tranquilidad en que vivía con mi papá. Ir a terapia de pareja los había ayudado.

Mientras transitaba por ese limbo, esperaba a que me

MARÍA HINOJOSA

respondieran de las universidades a las que había mandado una solicitud en el otoño. Desde segundo de bachillerato empecé a escuchar a algunos compañeros de clase hablar sobre la presión de aplicar a escuelas como Harvard, Yale, Radcliffe, Princeton o Stanford. Después de todo, el Colegio Laboratorio era un bachillerato y la competencia era feroz. Si no te aceptaban en una de las mejores universidades o en la que habías escogido como tu primera opción, supuestamente quedaba al descubierto la clase de persona que eras y la gente se tomaba muy a pecho esta idea. Una de mis compañeras de clase que sacaba puras As, lo hacía todo bien y era perfecta en todos los sentidos, fue rechazada por todas las universidades a las que aplicó.

En casa, ni mamá ni papá nos sometían a este tipo de presión. Ellos pretendían excelencia, y consideraban que esta excelencia nos aseguraría un lugar en la universidad. No importaba en cuál fuera. Tampoco importaba tanto lo que estudiáramos siempre y cuando obtuviéramos nuestro título. Primero quise seguir los pasos de mi hermana, como en todo, y asistir a una pequeña universidad de humanidades, tal vez en la Costa Este. Mandé mi solicitud a Tufts, Hampshire, Barnard y Georgetown.

Aunque mi familia me apoyó y tenía hermanos mayores a quienes admiraba, recuerdo que me sentí muy sola durante el proceso con las solicitudes. Nunca fui buena para los exámenes. Cada vez que tenía que presentar un examen estandarizado me iba muy mal, por lo general porque me convencía a mí misma de que no era buena en los exámenes. Era una profecía autocumplida. Cuando llegó el momento de presentar el examen SAT, mis calificaciones fueron mediocres. No se lo conté a nadie porque estaba demasiado avergonzada. La única otra ocasión en que me sentí tan fuera de control fue cuando me hice pipí en primer grado.

Para mi ensayo personal, escribí sobre mi identidad mexicana. Hablé desde el corazón y con la mayor honestidad posible. Sabía que no podía ser igual al resto de las chicas de mi bachillerato. Tenía que aprovechar mi singularidad: esa era mi fortaleza.

Había ahorrado suficiente dinero de mi trabajo como mesera para volar a Nueva York a visitar a una amiga que era estudiante de primer año en Barnard College, una de las universidades a las que había enviado mi solicitud.

En Nueva York, me enamoré de todo lo relacionado con Barnard y la Universidad de Columbia. Ambas universidades se ubicaban una frente a la otra en la misma calle. Barnard era y aún es una universidad para mujeres, y en ese momento Columbia era una universidad para hombres. Me agradaba la idea de cruzar la frontera entre una universidad de puras mujeres y otra de puros hombres.

La Biblioteca Low Memorial de Columbia era imponente con sus enormes pilares y la Biblioteca Butler era igual de impresionante. Había nombres de hombres importantes grabados en los enormes edificios, en los complejos habitacionales e incluso en las alas y salas de lectura individuales. En comparación, el campus de Barnard era pequeño y acogedor. Daba la sensación de ser un vecindario muy unido en medio de una gran ciudad que me recordaba a Hyde Park; era manejable.

Pero justo enfrente, al otro lado de la calle, estaban chicos fresa de las escuelas Ivy League, Broadway, el metro y la ciudad más dinámica del mundo. De inmediato supe que Barnard era el lugar al que quería ir.

Mi amiga Elaine Sahlins, hija de un influyente antropólogo de izquierda y que entendía todo lo que había que saber sobre la Ivy League, me llevó de paseo por Manhattan. Un día nos subimos al metro en Times Square y fuimos a ver una nueva producción de Broadway que acababa de estrenarse llamada *Zoot Suit*. Fue la primera producción chicana en llegar a Broadway y la primera obra en contar con personajes latinos desde *Amor sin barreras*.

La obra contaba la historia de los disturbios de Zoot Suit de 1943 en Los Ángeles. Los libros de historia por lo general describen este acontecimiento como una serie de enfrentamientos violentos entre soldados y policías estadounidenses, por un lado, y jóvenes latinos y afroamericanos por el otro. Sería más preciso decir que se trató de jóvenes mexicanos y afroamericanos que lucharon por sus derechos mientras sufrían el acoso de la policía supremacista blanca.

Los Zoot Suits eran los geniales atuendos que utilizaban: por lo general se trataba de pantalones de pernera ancha, a veces rayados, ajustados a los tobillos, con una cadena de reloj que colgaba de la hebilla del cinturón y casi tocaba el piso, una camisa blanca almidonada y abotonada al cuello y un saco cruzado con colas extralargas: éste fue el inicio de la moda de la cultura chola.

Desde la tercera fila asistí boquiabierta a mi primer espectáculo de Broadway mientras escuchaba a actores y actrices latinos hablar en *espanglish*, como yo. No pude arrancar los ojos del escenario ni un segundo; no quería perderme ningún movimiento. Mis labios esbozaron una sonrisa mientras las lágrimas rodaban por mis mejillas. *¡Dios mío!*, pensé, *¡Lo tengo! Esto es lo que quiero hacer. Este es el lugar en el quiero estar. ¿Puedo lograrlo?*

Después miré al elenco y pensé *¿Y si no soy suficientemente mexicana?* Esta era una historia sobre mexicanas y chicanas de Los Ángeles, pero la idea de actuar en un teatro de la ciudad de Nueva York se había grabado en mi mente. Podía vivir en Nueva York y asistir a la universidad. Durante los fines de semana iría al teatro y haría audiciones en mi tiempo libre. Podía lograrlo. Podía ganar visibilidad al convertirme en una artista en el escenario.

Los críticos odiaron *Zoot Suit*. La obra se estrenó primero en Los Ángeles, donde se presentó durante un año con funciones agotadas. Pero la reseña del *New York Times* la destrozó. No había ningún latino que hiciera reseñas o críticas de teatro en ese momento, y el crítico de esta obra no había entendido ninguna de las referencias culturales. Una reseña negativa del *New York Times* a menudo puede significar la muerte para un espectáculo de Broadway, que fue exactamente lo que ocurrió. *Zoot Suit* fue cancelada en Nueva York tan solo unas semanas después de su estreno.

Me tomé muy a pecho el fracaso de la obra. En ese entonces no sabía cómo hablar sobre conceptos como la alfabetización mediática, la competencia cultural y la representatividad en las salas de redacción (la idea de que las salas de redacción deben conformarse por gente que refleje el rostro diverso de nuestro país) o por qué necesitamos que los críticos provengan de contextos diversos, sobre todo al momento de criticar a artistas de otros contextos. Recuerdo que pensé *Ahí vamos de nuevo.* Si la gente como yo quería ser vista y escuchada, tendría que luchar por ello. Yo tendría que luchar por ello si quería ser artista, ser visible.

Antes de que terminara mi viaje, volví a ver la obra quizá dos o tres veces más. Las entradas eran baratas porque nadie más estaba yendo a verla. Una noche, después de la presentación, me conduje como una verdadera fanática y esperé afuera del teatro a que salieran los actores en ropa de civiles. Los seguí a un bar contiguo solo para estar cerca de ellos, para mirarlos y verlos fuera del escenario; lo único que hice fue observarlos a través de la barra. Aún me asombraba que fueran personas de carne y hueso. Estaba tan cerca de ellos que casi podía tocarlos. Por fin visualizaba una vida para mí en este país, en Nueva York, como artista. Al diablo con los críticos.

Me concentré por completo en que me aceptaran en Barnard. Después de mi visita a Nueva York, no había duda de que esta iba a ser mi ciudad. Me gustaba que fuera dura, sucia y poco elegante. Me encantaba que Columbia se encontrara en West Harlem, porque esto significaba que estaría en una comunidad con gente de distintos contextos, incluso si la relación del vecindario con la universidad era compleja. Ver gente afroamericana en el vecindario me hacía sentir como en casa, y había menos segregación que en Chicago. También había latinos en

Harlem y se hablaba español en las calles. Ser invisible en Nueva York no significaba tanto porque todos intentaban ser vistos.

Me encantaba que la ciudad estuviera abierta las veinticuatro horas, sentirme segura caminando sola por cualquier parte de Broadway a la hora que fuese incluso siendo una mujer joven, porque siempre había luces encendidas y gente alrededor. En Manhattan sentía que cruzaba una frontera cada vez que cambiaba de cuadra, sobre todo en el Upper West Side, cerca de Columbia. Podía haber un departamento con portero junto a un pequeño edificio de alquiler con artistas, latinos, puertorriqueños, dominicanos y afroamericanos.

Finalmente, en primavera recibí respuesta de las universidades a las que había aplicado. Todas las notificaciones llegaron por correo tradicional. Si recibías un sobre grueso, significaba que estabas dentro; si recibías uno delgado, estabas fuera. Me rechazaron en Georgetown y me aceptaron en Hampshire y Tufts. Y luego, un día soleado, apareció el sobre grueso de Nueva York que significaba que me habían aceptado en Barnard. Sin embargo, aunque era mi sueño irme a Nueva York y asistir a Barnard, muy pronto me hallé en una nueva encrucijada.

Hubo un llamado para audiciones de actores latinos para la primera compañía de teatro latina de Chicago. Se corrió la voz sobre las audiciones en mis clases de actuación. ¿Quería ir directo a la universidad o hacer una última parada? Decidí ir a las audiciones y me dije a mí misma: *Si consigo el papel, no me iré a Nueva York.* No obtuve el papel. La Gran Manzana de Nueva York estaba a punto de recibir a otra pequeña gusanita en su interior.

CAPÍTULO 17

El primer año de universidad

¿Ubicas esas películas donde la mamá y el papá empacan las cosas de la hija y la van a dejar al dormitorio de la universidad? Una vez ahí, la ayudan con las maletas y cubren con afiches las paredes que durante décadas han ostentado afiches de estudiantes anteriores. La historia de mi llegada a la universidad, sin embargo, no tuvo ningún parecido con todo eso.

Mis padres argumentaron no tener suficiente dinero para acompañarme durante la mudanza al dormitorio universitario, así que viajé sola a Nueva York. Después de llegar al singular aeropuertito de LaGuardia, el hermanito menor del aeropuerto JFK que solo atiende vuelos nacionales, arrastré sola las maletas hasta la fila de los taxis y me subí a un taxi amarillo que me llevaría a Barnard, en el Upper West Side de Manhattan. En las calles, la gente se gritoneaba con su peculiar pedantería neoyorquina. La brisa era fresca, mas no helada, como la de

Chicago, y se respiraba un aire de entusiasmo mientras la gente caminaba de prisa hacia su destino. Pero estaba consciente de que la emblemática ciudad de Nueva York no se salvaba del caos, el racismo y la violencia que había visto en las calles de Chicago.

De hecho, al pasar por las calles de Harlem confirmé aquello que ya tenía muy claro: si eras negro o moreno en Estados Unidos, tu barrio sería maltratado, precarizado y abandonado, pero no por sus habitantes, sino por las instituciones y la gente que lo controlaba. El servicio de recolección de basura pasaba con menos frecuencia. La policía acosaba a la gente sin razón o se esfumaba cuando en verdad necesitabas su ayuda. En las estaciones de bomberos no había suficiente personal. Los parques y espacios públicos no recibían mantenimiento alguno. Eso contribuía a la sensación generalizada de invisibilidad. Al parecer, no ameritábamos el más mínimo esfuerzo como para demostrar aunque más no fuera una pizca de respeto por nuestros barrios.

La ciudad de Nueva York me transmitió esa misma vibra mientras mi taxi cruzaba la calle 125, antes de virar hacia el sur, hacia el campus de Barnard. El concepto de justicia racial se había cristalizado en mi mente, y desde antes de entrar a la universidad supe que quería dedicar parte de mi tiempo a hacer algo que permitiera que la gente no viviera empobrecida por culpa del racismo. Martin Luther King Jr. planteó la pregunta que me hizo pensarlo: ¿por qué la gente habría de recibir un trato distinto dependiendo del color de su piel?

El taxi se estacionó frente a mi residencia estudiantil, en el

616 de la calle West 116, a media cuadra de Riverside Drive. El edificio parecía sacado de una película: era un clásico edificio neoyorquino de diez pisos, hecho de bloques de cemento y ladrillos gruesos; las ventanas del segundo piso estaban enmarcadas con piedra y decoradas con filigrana en los costados. Cada habitación contaba una historia distinta.

Como era una novata recién llegada, sentía que mi nuevo dormitorio era inmenso e imponente. Eran muchísimos departamentos, muchísimas ventanas. Al mismo tiempo, la presencia de tantas mujeres universitarias le daba un aire de calidez y afabilidad. No estaría sola. La energía de Manhattan siempre me ha hecho sentir así, como que nunca estás demasiado lejos de la humanidad.

Me bajé del taxi y arrastré mis tres maletas hacia el edificio. Me sentía un poco acomplejada, pero también desbordaba del tipo de entusiasmo ñoño de cualquier estudiante de primer año. Con una gran sonrisa boba y un brillo en la mirada, subí las maletas por la pequeña escalinata, entre gruñidos y gotas de sudor, y tomé el elevador hasta el piso indicado. Viviría en una suite con otras cinco mujeres. Las dos estudiantes de familia pudiente ocuparían habitaciones individuales, dos compartirían el cuarto doble contiguo al mío y yo compartiría el otro. La suite tenía un baño compartido y una cocina.

Una vez que llegué a mi espacio y dejé las maletas, eché un vistazo veloz a la suite. Mi cuarto resultó ser el peor de los tres. Quizá creyeron que no me quejaría por pertenecer a una "minoría" o que simplemente agradecería estar ahí, lo cual resultó ser verdad. Mi compañera de cuarto era una chica agradable y tímida de Long Island, hija de un inmigrante francés. Nuestro cuarto estaba en el segundo piso y la única ventana daba al respiradero que atravesaba el edificio por dentro. Por ende, siempre estaba oscuro. Nunca entraban la brisa ni la luz del sol, pero sí se amplificaban los ruidos de los cuartos de arriba, de abajo y de enfrente. Vivíamos al fondo de una cámara de resonancia oscura y fría.

Tras terminar el bachillerato y haber pasado seis meses trabajando como mesera y tomando clases de actuación en Chicago, había comenzado a dejar atrás el maquillaje convencional y los tacones altos que me habían caracterizado hasta entonces. Mi estilo cambió cuando empecé a comprar prendas estrafalarias y únicas en tiendas de segunda mano y saldos del ejército o la marina. Mi nuevo sentido de la moda estaba inspirado por el punk antisistema más pesado, *El show de terror de Rocky* y la estantería de rebajas de Fiorucci's, una boutique italiana con sucursales en Nueva York y Chicago.

Compraba las prendas más extrañas y las combinaba. Una vez me puse el forro interior de una chaqueta militar como si fuera la chaqueta completa. Como los tacones no servían para dar largas caminatas por Nueva York, las cambié por toscos zapatos de plataforma y botas. Pero nunca dejé de maquillarme. No podía dejar de hacerlo, como tampoco podía dejar de lado la joyería y mi sentido de la moda personal. Me había vuelto parte del movimiento hípster *boho grunge* latino. No tenía idea de que había otras personas como yo en el mundo, pero estábamos en todas partes.

Una de las cosas más increíbles de los primeros días de la

vida universitaria y de la gente que conoces en esa época es que pueden terminar siendo de las más importantes de tu vida. Los pequeños instantes pueden cambiarte para siempre, que es justo lo que ocurrió a continuación, mientras me instalaba en mi habitación.

Mi compañera de cuarto y sus padres fueron a llenar unos documentos a la administración, así que me quedé sola en el cuarto y empecé a desempacar mis cosas. Aún no conocía al resto de las compañeras de departamento. Teníamos una reunión programada en menos de una hora y acordamos asistir juntas. En ese momento sonó el teléfono que estaba empotrado en la pared junto a mi puerta. Abrí la puerta y contesté. En ese entonces, del auricular salía un largo cable espiralado que lo conectaba a la base. Al otro lado de la línea, alguien preguntó por Cecilia. Supuse que sería una de mis compañeras de departamento, así que grité:

—¡Cecilia! ¡Te hablan!

Dejé la puerta entreabierta para asegurarme de que alguien tomara la llamada.

Y entonces escuché una voz que se me quedaría grabada para siempre y prácticamente me acecharía (en el buen sentido) toda la vida. Era dulce y acaramelada, como la de un ángel con un acento hispano muy particular que dejó mis entrañas como Chimbote (el famoso dulce de leche de Mar del Plata). La voz hablaba como argentina, con un acento exquisito y consistente, cargado de mohines sensuales y vocales alargadas.

Era mi primer día en la ciudad de Nueva York y decidí tomarlo como una señal.

Aunque el sueño de estudiar mis raíces mexicanas y la danza folclórica hubieran quedado atrás, seguía intentando comprender mi identidad latina y expresarla de forma más intencional. ¡Y en mi residencia había alguien que hablaba español! Tan pronto colgó, abrí la puerta de golpe y exclamé:

—¡Cielo santo! ¿De dónde eres?

Frente a mí había una mujer hermosa de piel tersa y bronceada. Traía *shorts* deportivos y un suéter blanco de tenista, y su cabello castaño claro y ondulado se mecía con una naturalidad incuestionable. Tenía una enorme sonrisa cautivadora que prácticamente te acariciaba con su calidez. Sus dientes eran blancos y perfectos. Y sus cejas oscuras parecían teñidas, pero en realidad también eran naturales.

Su belleza me dejó aturdida un instante.

—¿Yo? —preguntó—. De Nueva Jersey.

Seguía anonadada por aquella belleza omnipresente.

—No, o sea, ¿de dónde eres en realidad?

—Ah, mis padres son argentinos —contestó.

—*Wow*, *OK*, yo soy mexicana, de Chicago. Me llamo María —anuncié, con mi mejor acento estadounidense.

—Soy Cecilia —hasta entonces habíamos estado hablando en inglés, pero parte de mí se moría de ganas de hablarle en español.

¡Dios mío!, pensé. *Es una diosa. ¡La mujer más hermosa que he visto en la vida vive conmigo! No puedo competir con eso.*

Casi de inmediato dejé de lado la idea de competir con ella. Durante los cinco o seis días que duró el proceso de inducción universitaria, que es básicamente una semana de fiestas con gente nueva de Barnard y Columbia, pasé un montón de tiempo con Cecilia. Nos hicimos uña y mugre y formamos una mancuerna peculiar: ella era escultural, con piernas largas, torneadas y bronceadas, y siempre vestía a la moda con sus *shorts* de tenista, mientras que yo era petisa y usaba ropa de segunda mano de las tiendas de saldos militares y llevaba el cabello rizado, largo y despeinado intencionalmente, muy punk.

Nos volvimos hermanas muy poco después de conocernos. Me di cuenta de que Cecilia estaba pasando por un duelo terrible; su padre había fallecido hacía unos meses y ahora vivía lejos de los suyos, una familia muy unida donde todos hablaban español. Su madre tenía un pronunciado acento extranjero cuando hablaba inglés, igual que mi madre. Cecilia se sentía fuera de lugar en Nueva York, y a veces se ausentaba varios días porque volvía a casa a que su madre la abrazara y reconfortara. Así era como lidiaba con la muerte de su padre.

Cecilia me recordaba a mis primos y primas de México que eran más como mis hermanos. La manera en que nos entendíamos mutuamente y comprendíamos nuestras circunstancias era como una especie de lenguaje cultural implícito. A veces me metía a su cama sólo para acompañarla y darle abrazos. Las palabras por sí solas jamás habrían podido cimentar nuestra amistad de la misma manera. Al poco rato ya hacíamos todo juntas, y apropiarnos de nuestra identidad cultural se convirtió en una parte central de nuestro viaje.

Además, durante el verano previo a mi llegada a la universidad me había involucrado en la política electoral en las calles de Chicago, asistiendo a reuniones y repartiendo folletos. Inspirada por mi increíble hermano Raúl, que era activista político de tiempo completo, decidí continuar con la que parecía ser la tradición familiar y convertirme en una persona sumamente politizada y consciente.

Asistí entonces a un evento de WKCR, la estación de radio estudiantil de la Universidad de Columbia. La única razón por la que fui a dicha reunión, donde el noventa por ciento de los asistentes eran hombres, fue porque mi hermana había sido DJ en la estación de radio de su universidad y pensé que no era mala idea intentar hacer lo mismo. Además, yo estudiaba en una universidad para mujeres, así que entrar al campus de Columbia, que en ese entonces solo admitía hombres, era una forma segura de conocer chicos.

José Luiz y Carlos, los chicos puertorriqueños del departamento de música latina, eran muy atractivos, y sus bigotes, barbas de candado y cabelleras largas me inspiraron a participar en la radiodifusora. Pasé por su estación de radio quizás una o dos veces ese año para leer unos cuantos encabezados de noticias a la mitad de su programa. Me paraba junto al teletipo que imprimía los encabezados de las noticias de última hora y arrancaba cualquiera que tuviera que ver con Centroamérica o Latinoamérica. Por eso a esa técnica de transmisión de noticias la llamaban "arrancar y leer". Sin embargo, cada vez que llegué a hacerlo los radioescuchas llamaron para decir: "Vuelvan a poner la música. No queremos oír los encabezados".

Al final no pude comprometerme con WKCR de tiempo completo. Estaba muy ocupada buscando mi lugar en el mundo, haciendo amistades y descifrando cómo sobrevivir a nivel académico. Además, debía combatir al monstruoso síndrome del impostor, lo que implicaba pasar incontables horas en la biblioteca, sola.

También intentaba descifrar qué hacer con los intensos monólogos internos que tenía sobre mi identidad racial y étnica. Entender lo multifacética que era me llenó de rabia porque no quería que me etiquetaran con el par de palabrejas nuevas que estaban en boca de todos: "minoría" e "hispana". Si yo no era menos que nadie, ¿por qué querría que me llamaran "minoría"? Tampoco iba a permitir que etiquetaran mi identidad con un término de creación gubernamental como "hispana". No quería vivir con etiquetas ajenas, pues yo era una mujer y humana compleja.

En los últimos dos años del bachillerato, viajé a México, sobreviví un episodio de violencia cuando nos asaltaron en la playa y exploré Europa. Sé que sonará cursi, pero en ese entonces yo era una flor que apenas abría sus pétalos al mundo. ¿Ubicas los capullos apretujados de las rosas o los tulipanes? Los pétalos están tensos y cerrados, y ese tipo de inocencia posee cierta belleza. Luego, los pétalos se tuercen y miran hacia el exterior a medida que maduran. Sentía que me estaba pasando eso; estaba en pleno proceso de transformación para dejar de ser la jovencita seria que se vestía bien y usaba tacones, y convertirme en algo más ruidoso, furioso y arriesgado.

Las decisiones que mi papá y mi mamá tomaron por el bien de nuestra familia cuando yo era niña supusieron grandes riesgos. Y ahora, mientras me convertía en una feminista radical latina, me tocaba hacer lo mismo. La energía neoyorquina me resultaba esperanzadora y creativa a pesar de ser un tanto arrogante e irascible.

Toda mi familia estaba familiarizada con el adjetivo "radical" porque mi hermano había empezado a usarlo en el bachillerato, cuando se involucró por primera vez en el activismo político. ¿Qué significaba ser radical? ¿Era un insulto? ¿Algo positivo? Finalmente me di a la tarea de buscar la definición: *radical* significa ahondar en la raíz de las cosas. Así que me dije: *Soy radical. Quiero ahondar en la raíz de las cosas y entender estas desigualdades, la pobreza, el racismo, el sexismo, las fronteras.* Es imposible cambiar las cosas si no profundizas en sus raíces.

Ser radical y enorgullecerse de ello implicaba cuestionarlo todo. Mis amigos y yo usábamos insignias en las mochilas y las solapas de chaquetas y abrigos para expresar nuestras creencias y opiniones. Una de mis insignias decía: "Cuestiona la autoridad". Luego, durante los primeros meses que pasé en Nueva York, fui a una de las dos librerías de la ciudad que vendían libros en español y compré otra insignia que decía: "Soy bilingüe, bicultural y orgullosa de mi raza". Era como si la hubieran hecho especialmente para mí. En este contexto, "raza" se refiere a la raza humana, a la gente, al pueblo. Si eres de la costa oeste, "raza" también alude a la gente latina, en particular a los chicanos y mexicanos. "Raza" engloba todo eso, y yo estaba orgullosa del ser humano que era.

Esa nueva versión de mí era escandalosa de distintas formas. Llevaba el cabello esponjado y alborotado. Mi estilo era llamativo. Me encantaba alzar la voz y hacer preguntas provocativas.

Era una versión teatralizada de mí. Era mi yo artístico que, en la búsqueda de una voz propia, probaba distintas tallas.

A veces, en ese proceso de encontrar tu propia voz, tienes que escucharte decir cosas erróneas para darte cuenta de que no suenan bien cuando salen de tu boca. Y quizá te des cuenta de qué es lo que en realidad quieres decir al descubrir lo que no quieres decir… una vez que ya lo dijiste. No es la forma más sencilla de aprender qué tipo de persona quieres ser, pero sin duda te enseña a pensar antes de hablar.

Uno de los eventos públicos que organizó la universidad durante la semana de inducción fue una especie de juego de citas entre Columbia y Barnard, inspirado en el programa televisivo *The Dating Game* de los años setenta, donde un hombre o una mujer tenía la oportunidad de elegir entre tres posibles candidatos ocultos tras una mampara. Mi universidad feminista y la universidad para hombres de enfrente que se radicalizó en los sesenta recibieron a sus nuevos estudiantes con el tropo de género más tradicional y retrógrada del universo, y en una Ivy League, por si fuera poco. Me horrorizó. Era repugnante.

En un momento dado, todo el mundo le estaba gritando al soltero codiciado que una de las jóvenes del otro lado de la mampara "parecía perro", que no la eligiera, y yo me uní al coro. A pesar de la repulsión que me causaba aquello, le entré al juego igual que los demás. Como miembro ruidoso e insolente (e inseguro) del público, quería que mi voz se escuchara, sin importar lo que dijera. Sin embargo, cuando me oí gritar esas palabras tan hirientes sobre otra mujer y me vi diciéndoselas a la cara, me avergoncé. Al instante supe que jamás volvería a hacerlo. En ese momento, un rubio que estaba delante de mí volteó y me dijo:

—¿Cómo te atreves a decir eso?

Ya me sentía demasiado avergonzada por lo que había dicho como para que además un hombre blanco llegara a reprenderme por no ser lo suficientemente feminista. Pero a veces debes cometer ese tipo de errores terribles para entender que no quieres volver a tomar ese camino jamás.

Sin embargo, hasta los momentos más terribles pueden convertirse en una oportunidad para encontrar a tu gente. A la noche siguiente me topé al mismo tipo cuando Cecilia y yo fuimos a ver la película *Columbia Revolts*, sobre la protesta estudiantil de 1968 en Columbia, y entonces empezamos a hablar. Se llamaba David y con el tiempo nos hicimos amigos a nivel intelectual, afectivo y espiritual. David venía de una familia de clase obrera de Rockport, a las afueras de Boston, y era hijo de madre soltera. Aunque nuestro bagaje personal fuera distinto, nos vinculamos a través de la poesía, de Marx y del existencialismo.

Conforme fue pasando ese primer año en Barnard, mi grupo de amistades fue creciendo, aunque muy despacio. Nini era de Irán, igual que mi mejor amiga del bachillerato, Leyli; pero el papá de Leyli era académico y estaba a salvo en Estados Unidos. Las primeras historias que me contó Nini sobre su padre fueron de cuando sirvió en el ejército del sah. Luego se horrorizó al descubrir la corrupción y los robos que cometía el sah, y para escapar del país tendría que atravesar a pie las montañas de Irán en pleno invierno. Nini seguía sin saber dónde estaba su padre, ni si acaso sobreviviría las montañas nevadas. No usó el término "refugiado", pero eso era su padre: un refugiado que había huido para salvar su vida.

Desde nuestro punto de vista, Nini era la reina del universo, con su resplandeciente cabellera color caoba, ojos almendrados y pómulos sobresalientes: una mujer indígena proveniente de la cuna de la civilización. Además, era otra rebelde escandalosa que estaba buscando su camino como feminista transfronteriza empezó a convertirse en mi mejor amiga.

También estaba Tammis, que era caucásica y privilegiada. Era hija de un banquero y había estudiado en puras escuelas privadas de Connecticut. Pero también era una cineasta rebelde, el epítome de la vida bohemia. Tammis, que era dos años más grande que la mayoría de mis amigas, nos enseñaba a las demás cómo hacer las cosas. Tenía su propio departamento en una vecindad, amueblado con cosas de segunda mano, un puf en el suelo y fotografías en blanco y negro en todas las paredes.

Esos primeros meses en la universidad me recordaron a cuando entré a un bachillerato privado y volví a sentir el deseo entusiasta de aprovechar todo cuanto fuera posible. ¿Cuándo se presentaría otra oportunidad así? En el primer año me inscribí en seis clases, incluyendo una de economía avanzada donde se estudiaba teoría política marxista. Pero, como dice el dicho, el que mucho abarca poco aprieta, así que tuve que dejar esa clase y compensarla con otra sin calificación numérica.

Hice una audición para un grupo de baile, pero desde la última experiencia que tuve en audiciones para teatro con la primera compañía teatral latina de Chicago no había querido volver a arriesgarme. El director de aquella compañía había dicho que no me entendía, que no era lo suficientemente mexicana ni lo suficientemente blanca. Que no era lo suficientemente alta ni lo suficientemente petisa. No era lo suficientemente de barrio ni lo suficientemente sofisticada. Y había dicho que no me veía ni en el teatro ni en Hollywood. Permití que un hombre al que nunca antes había visto me definiera, cosa que nunca le permitiría a nadie más.

En vez de actuar, decidí estudiar más baile, como danzas afrocubanas, que son mucho más difíciles de lo que parecen, y coreografiaba presentaciones en el campus. Y también estaba lo de la radiodifusora estudiantil WKCR, que era otra forma de ser visible e invisible al mismo tiempo: visible con la voz, pero oculta tras el micrófono y las ondas radiofónicas.

También me involucré activamente en varios grupos, incluyendo la Alianza Chicana, como se la conocía entonces. Luego me uní a la Alianza Latinoamericana, donde había más representación caribeña y puertorriqueña. Vivía entre refugiadas argentinas, chilenas y colombianas, y gracias a la Alianza conocí a más gente de El Salvador y Guatemala. Aprendí sobre la intervención militar estadounidense en Centroamérica. Cada vez había más protestas, como si estuviéramos reviviendo el '68 y Vietnam. Eso estaba ocurriendo en Centroamérica en 1981, en lugares a los que yo nunca había viajado ni había visto jamás. Pero, como una joven latina sin fronteras, sabía que esos lugares también eran parte de mí. En esos grupos exigíamos que el gobierno estadounidense actuara mejor en países conectados con mis raíces latinas, donde se hablaba español, donde había poblaciones indígenas, poblaciones negras, gente pobre, mujeres y niños que querían y necesitaban ser vistos y dejar de ser explotados.

Estar en una universidad para mujeres no hacía más que alentar mi activismo. Me fortalecía el apoyo de una comunidad de mujeres y me encantaban los desafíos y las situaciones particularmente competitivas. Dado que Barnard estaba enfrente de Columbia y, aunque eran instituciones independientes, compartían recursos. Las alumnas de Barnard teníamos permitido tomar algunos cursos en Columbia. Gracias a eso, tomé varias clases con muchos hombres inteligentes (según ellos), así que me obligaba a alzar la mano para hacer preguntas. Quería que me vieran. *Sí, heme aquí, frente a ustedes.*

Esa capacidad para alzar la mano, para obligarme a hacerle preguntas al profesor aunque estuviera temblando por dentro y tuviera mariposas en el estómago y todo eso, era el mismo impulso que me había hecho subir al escenario como actriz. Era la vocecita que me decía: *escribe ese ensayo, manda tu solicitud a Barnard, participa en esa audición.* Era la voz que me decía: *llega tan lejos como puedas… es tu obligación; tu familia no dejó todo atrás para que no lo hicieras.* Los sacrificios que hicieron mis padres por mí eran una carga pesada, pero también me motivaban a aprovechar todo. *No des por sentada la educación que estás recibiendo. No eres rica como las otras chicas, así que aprovéchala y sé radical y encuentra tu camino.*

Ese primer año en la universidad no me llevó por el camino exacto que creí que tomaría mi vida. Pero aprendí lecciones fundamentales sobre estar abierta a las diferencias y a los cambios, sobre explorar mi identidad y ser amable y respetuosa con los demás. Aprendí a encontrarme en gente en la que jamás creí verme reflejada: una mujer iraní, un chico blanco de clase obrera de Massachusetts, una argentina de Nueva Jersey y muchas otras personas que conocí en Nueva York. Me vinculé con gente que a primera vista no tenía nada en común conmigo. Y, sin embargo, compartíamos el mismo espacio estrecho, las calles y los departamentitos de Manhattan, las tiendas de comestibles y las estaciones de metro, así como también las historias y la alegría que hallábamos en la simple experiencia de convivir a pesar de nuestras diferencias.

CAPÍTULO 18

Aceptar mi latinidad

‹∞›‹∞›

Desde mi punto de vista, ir la universidad implicaba realizar el trabajo intelectual necesario para entender quién eres. Estaba orgullosa de la chica que había sido en el bachillerato, la cabrona que hacía lo que quería, ya fuera actuar en un escenario, tener novios, estudiar y sacar excelentes calificaciones, esforzarse, ganar dinero o viajar sola (a pesar del síndrome del impostor y las náuseas matutinas provocadas por la ansiedad). Pero en la universidad vi a esa joven desarrollarse y volverse más segura de sí misma, aunque siguiera buscando su camino. Y mi cabello actuaba como barómetro de mi desenfreno. Cada vez era más largo, grueso y rizado, y definía la persona que quería ser: alguien que se negaba a encajar en las limitantes definiciones ajenas.

Empecé a aprender sobre mujeres mexicanas que eran artistas, académicas y activistas inspiradoras... muy distintas a mis primas, que me hacían sentir que para ser una mexicana de verdad tenía que vestirme como una muñeca. Eran las mujeres que se manifestaron en contra de las olimpiadas de 1968 en la Ciudad de México y que recibieron disparos del ejército mexicano, como lo relata la periodista Elena Poniatowska en su revolucionario libro *La noche de Tlatelolco*. Eran las artistas con quienes pasé largas noches en vela en la Ciudad de México al leer sobre sus viajes y aventuras. Era mi prima orgullosa de su herencia indígena que se había mudado a Oaxaca después de estudiar antropología. Esas mujeres se convirtieron en mis modelos a seguir.

Sin embargo, no tardé en darme cuenta de que la identidad mexicana que tanto me esforzaba por cultivar y entender no le importaba a nadie en Nueva York. Era como si dijeran: *A todos nos da igual que seas mexicana. Aquí no hay mexicanos.* El Día de los Muertos, las tortillas, la salsa picante, el 16 de septiembre, el festival de la raza… nada de eso existía en Nueva York en ese entonces.

Aquello me obligó a explorar mi geografía personal y cómo me configuraba. No solo era mexicana. Había sido una mexicana nacida en la Ciudad de México y criada en Hyde Park, en el extremo sur de Chicago, que solía pasar sus fines de semana en el barrio mexicano. Y ahora era una mexicana que vivía en Nueva York, cerca del Harlem latino donde sobre todo había puertorriqueños. ¿Cómo encajaba yo en esa geografía? ¿Cómo encajaba en ella en términos políticos? Para responder esa pregunta, debía concebir mi identidad de forma más radical. Debía ahondar en sus raíces.

En Barnard escuché decir que América iba desde Canadá

hasta la Tierra del Fuego, en el extremo sur de Sudamérica. Para mí fue una revelación geográfica, pues no me lo habían enseñado en el bachillerato. Sabía que México colindaba con Estados Unidos, pero en mi cabeza el resto de Latinoamérica no estaba muy claro ni definido. En el bachillerato nos habían enseñado que los lugares del sur no eran tan importantes como Europa, cuyas capitales aprendimos de memoria.

En la universidad seguía conociendo gente de todas partes del mundo, lo que implicaba reconciliarme con mi ignorancia. Me avergüenza reconocerlo, pero un día conocí a una chica dominicana y no tuve reparo en preguntarle dónde estaba la República Dominicana, pues en Chicago nunca había conocido a alguien que fuera de ahí.

Altagracia Dilone fue mi primera amiga afrolatina. Era una auténtica dominicana, orgullosa de sus raíces africanas, así que no se molestó en disimular lo mucho que le molestó que yo no supiera dónde estaba la República Dominicana. Sin embargo, con el paso de los meses nos conocimos mejor y nos volvimos amigas muy cercanas. Se convirtió en otro de mis modelos a seguir, pues era una revolucionaria que hacía las cosas a su manera y con un estilo único. En el campus no había nadie que se pareciera a ella, pero a ella no le importaba. Llevaba la cabellera hasta la cintura; la masa de rizos cerrados que se veía desde lejos y que anunciaba a gritos, "¡Estoy orgullosa de ser negra!" era la parte más voluminosa de su esbelto cuerpo.

Conocí a refugiados chilenos y argentinos que habían salido de su país y llegado al Upper West Side de Manhattan. Llevaba años escuchando a mis padres contar historias sobre

Argentina y Chile, y vi en televisión cuando el general Augusto Pinochet y su ejército derrocaron el gobierno civil progresista de Chile el 11 de septiembre de 1973. Años después, conocí en Nueva York a gente que había huido de esos sucesos, refugiados que vivían entre nosotros y hablaban español con acentos diferentes que me costaba trabajo entender.

Nueva York estaba lleno de puertorriqueños con sus propias historias de cómo habían llegado a Estados Unidos. Su hermosa isla se había convertido en parte del botín durante la guerra entre Estados Unidos y España. Fue invadida por soldados estadounidenses siglos después de que hubiera sido colonizada por España y en 1898, cuando la guerra terminó, España firmó el Tratado de París, en el que accedió a "darle" la isla a Estados Unidos. Puerto Rico se volvió entonces propiedad de Estados Unidos, y en 1917 se le otorgó a su población la ciudadanía estadounidense. Eso facilitó que muchos puertorriqueños migraran al norte en busca de trabajo, lo cual ocurrió de forma masiva después de 1945, cuando el gobierno estadounidense y varias empresas los reclutaron. Pero igual, hasta la fecha, Puerto Rico sigue siendo una posesión colonial de Estados Unidos.

En ese entonces hubo una migración masiva de puertorriqueños a Nueva York porque la ciudad necesitaba una nueva fuente de mano de obra barata. En la isla miles de familias se separaron y los boricuas conformaron la primera gran población latina de la ciudad de Nueva York. Gracias a décadas de activismo, habían logrado influir en la ciudad de una forma que los mexicanos en Chicago apenas empezaban a vislumbrar. Los

Young Lords eran un grupo activista que empezó en Chicago, pero la división neoyorquina fue la que acaparó los encabezados. Combatían el racismo, alimentaban a los hambrientos, proveían servicios de salud comunitarios y luchaban por la independencia de Puerto Rico como parte de una coalición a la que podía unirse cualquier persona colonizada y marginada.

La cultura boricua estaba entramada en distintas partes de la ciudad. El sonido profundo, seductor y evocador de la salsa retumbaba en las ventanas abiertas al sur de la calle 110 y en los estéreos de Broadway. Los poetas neoyorqueños (como se les conoce a los puertorriqueños que viven en Nueva York) recitaban sus versos en terrenos baldíos del Lower East Side donde se juntaban los espectadores o en la sala de un departamento del East Village que más tarde se convertiría en el famoso Nuyorican Poets Café. Conocí cubanos que se autodenominaban revolucionarios, así como artistas neoyorqueños como Adál, Pedro Pietri y Miguel Algarín.

Me tomé muy en serio la idea de que Nueva York fuera mi universidad, así que casi todos los fines de semana tomaba el metro para viajar por la ciudad. Bailaba en fiestas de activistas en departamentos de las calles oscuras de Chelsea e iba a obras de teatro comunitario, galerías y bares clandestinos en el Lower East Side y el sur del Bronx, donde conocí a latinos y latinas de todas partes.

Mis nuevos amigos de distintas comunidades se convirtieron en mis mentores, en mis modelos a seguir, y su amistad era su forma de decir: "Queremos infundirle a esta joven un sentido del poder. Queremos que sea capaz de reconocer su propio poder. Queremos que sea un reflejo de nuestra influencia". Ser una joven latina en una Ivy League me convertía en un bicho raro. No éramos muchas, a lo sumo unas cuantas docenas. Y ellos vieron en mí una luz que yo era incapaz de ver aún. Dado que creyeron en mí, empecé a creer en mí misma.

Empecé a verme en relación con otros latinos como una panlatinoamericanista. Aunque fuera de nacionalidad mexicana, también formaba parte de un continente entero. Era parte del movimiento latino que vinculaba a los chicanos y chicanas de Los Ángeles con los Brown Berets de Texas y los integrantes del Centro Sin Fronteras de Chicago, y que incluía a puertorriqueños, dominicanos, cubanos y muchos otros latinos de Nueva York y el resto del país.

Al término de mi primer año de universidad, volví a Chicago con nociones frescas sobre cómo quería pasar el verano. No quería volver a ser mesera, pero necesitaba ganar algo de dinero para mantenerme durante el siguiente año escolar y tenía muchas ganas de hacer una diferencia en el mundo. Por fortuna, encontré la forma de hacer ambas cosas. Gracias a gente como mi hermano y Beatriz y otros jóvenes activistas que me consideraban una joven latina con potencial para el activismo, los organizadores de Casa Aztlán, en El Barrio, me contrataron como parte de la coordinación de su programa juvenil de verano.

Casa Aztlán era un centro artístico comunitario cuyo nombre había sido tomado de las tierras ancestrales de los aztecas. Cuenta la leyenda que todos los mexicanos vienen de un lugar llamado Aztlán, aunque los historiadores siguen debatiendo su ubicación exacta, que posiblemente esté en lo que ahora es el suroeste estadounidense. Lo que sí sabemos es que, después de que México perdiera la guerra de 1948 contra Estados Unidos, el gobierno estadounidense obligó al gobierno mexicano a firmar el Tratado de Guadalupe Hidalgo y ceder más de la mitad de su territorio a Estados Unidos. De hecho, la frontera de lo que hoy en día conocemos como México se ha movido varias veces.

Mi trabajo en Casa Aztlán consistía en crear y coordinar un programa de verano para niños en edad preescolar. A mis diecinueve años me pusieron a cargo de supervisar a unos cuarenta y cinco chiquillos de menos de siete años. Por fortuna, me asignaron a cuatro estudiantes de bachillerato para que me asistieran y ayudaran a coordinar las distintas actividades. Nunca había hecho algo parecido, así que me intimidaba un poco, pero la gente de Casa Aztlán creía en mí. Así que pensé, *Bueno, si ellos creen que puedo hacerlo, supongo que no tengo más remedio que hacerlo.* Ellos se habían hecho cargo de inscribir a los estudiantes y yo me encargaría de los niños desde las nueve de la mañana hasta la una de la tarde.

Lidiar con los niñitos terminó siendo pan comido. Mis colegas estudiantes de bachillerato, en cambio, resultaron ser el mayor desafío. Durante el primer día del programa, en un típico día de verano abrasador en Chicago, les pedí a los niños que se sentaran en círculo en el auditorio de la iglesia. No podía recurrir a nadie porque yo era la jefa, y eso me hacía sentir el mismo tipo de energía nerviosa que experimentaba antes de subirme al escenario para una puesta en escena. *Aquí vamos*, pensé. *Házlo lo mejor posible.*

Las actividades matutinas pasaron volando, y fue muy afortunado tener a cuatro estudiantes de bachillerato a mi disposición que se hicieran cargo de grupos de entre ocho y diez niños. Una vez que la familia del último peque fue a buscarlo por ahí de la una de la tarde, pasé el resto del día conversando con los estudiantes de bachillerato sobre mis expectativas. Tenían entre catorce y quince años y estaban en esa fase de la adolescencia en la que quieres demostrarle al mundo de lo que eres capaz. Uno de ellos era Babyface, un boricua con barba de candado incipiente; Mario, a quien los niños molestaban porque llevaba menos de un año en Chicago y apenas si hablaba inglés; Toughie, quien tenía un diente delantero roto y una mirada furiosa; y Teresa, que soñaba con ser profesionista y se moría por Babyface.

Decidí sentar las bases de cómo trabajaríamos; les dije que necesitaba que se tomaran el trabajo en serio, pues serían modelos a seguir para los niños a los que monitorearían. Al tratarme como su igual, Beatriz y los demás me habían hecho ver mi propio poder y mi capacidad de liderazgo; por lo tanto, intenté endilgarles responsabilidades a los estudiantes de bachillerato para hacer lo mismo con ellos.

El problema era que esos chicos sentían una desconfianza innata por cualquiera que no fuera de su barrio, que hablara inglés a la perfección y que pareciera ser una muchacha de familia pudiente. Tuve que enfrentar el hecho de que vivía en múltiples realidades y era transfronteriza (en ese entonces no existía el concepto de "cambio de código" para describir cuando gente como yo cambiaba su forma de comunicarse si hablaba en inglés o en español, o si estaba en Hyde Park o en el barrio). En las conversaciones en torno a mi identidad, lo único que no había afrontado era mi propio privilegio.

No sentía que mereciera todo ni viniera de una familia adinerada. Crecí en una familia migrante y fui criada por un padre mexicano que era muy controlador con el dinero y vivía en un estado permanente de carencia imaginaria que nos inculcó.

No participábamos en el tipo de actividades que algunos de mis compañeros de bachillerato privado se podían dar el lujo de hacer, como ir de viaje a Aspen o pasar el verano en Europa. No me consideraba parte de las clases altas porque conocía gente que tenía mucho más dinero que mi familia. Mientras ellos vivían en casas de tres pisos construidas en terrenos propios, nosotros vivíamos en un edificio donde vivían muchas otras familias. De hecho, las familias de varios de mis compañeros del bachillerato y la universidad tenían una segunda casa en lugares como Michigan, Colorado o Florida.

El dinero que llevaba en el bolsillo era producto de mi esfuerzo. Cuando trabajaba como mesera, juntaba mis propinas al final de la noche y las guardaba en un sobre para no gastármelas. Durante mi primer año en Barnard trabajé en la biblioteca, participé en proyectos remunerados en el campus y hasta fui niñera. Por ende, no me consideraba una persona privilegiada desde el punto de vista económico.

Sin embargo, a ojos de Babyface, Teresa, Mario y Toughie, era una intrusa, una niña rica del South Side. Eran duros de roer, pues en el barrio abundaban las pandillas y por eso debían estar siempre alertos y cuidarse, y eso implicaba desconfiar de los desconocidos. Querían que yo entendiera que, aunque yo estuviera orgullosa de ser mexicana, ellos además eran sobrevivientes y quienes genuinamente sabían cómo funcionaban las cosas en el barrio.

Toughie resultó ser el más arrojado del grupo.

—Disculpe, miss María, pero ¿usted qué sabe de la gente de aquí? No vive aquí. No sabe lo que hacemos aquí —dijo en inglés.

—Es cierto, pero he visitado Pilsen desde que era niña. Me encanta el barrio y lo respeto, y quiero lo mejor para todos —contesté.

—Suena como niña blanca.

—¡Oye! ¡Eso dolió!

—Me da igual. Nomás quiero que me paguen —dijo Toughie y se encogió de hombros.

—Bueno, para que eso pase tendrás que cumplir con tus responsabilidades y respetarnos a mí y al trabajo.

—Primero respéteme usted —contestó.

Me quedé fría. Luego me acerqué, lo miré a los ojos y, para cambiar el tono de nuestra conversación anterior, le dije en español:

—Te respeto. A ti y a tu familia.

—No hablo español —contestó en inglés. Tenía el ceño fruncido y parecía que se me iba a echar encima.

—Perdón, Toughie. Dije que los respeto a ti y a tu familia. Te respeto —dije en inglés. Entonces retrocedió. Las cosas mejoraron, pero no lo suficiente. Tendría que esforzarme mucho más para vincularme con ellos.

Al día siguiente, cuando llegué caminando al trabajo a las ocho y media de la mañana, escuché salir de un estéreo portátil la canción del verano: "Another One Bites the Dust", de Queen. Los cuatro estudiantes de bachillerato estaban sentados, forjando porros. Habían llevado marihuana a su lugar de trabajo, así que tenía que acercarme y hablarles con franqueza.

Les dije que creía en ellos y que no me importaba que fumaran marihuana fuera del trabajo, pero que no podían hacerlo allí porque, si los agarraban con las manos en la masa, sobre todo mientras trabajaban con niñitos, el programa de verano de Casa Aztlán se iría al diablo. Y sabía que ellos no querían que eso pasara porque amaban a su comunidad.

—Sé que puedo confiar en que no volverán a hacerlo —dije.

Me confrontaron y volvieron a preguntar por qué habían de respetarme si yo no era de Pilsen. Decidí entonces reafirmar su sentir, diciéndoles que yo haría lo mismo si estuviera en sus zapatos. Pero también les pedí que me dieran una oportunidad. Reconocí que ellos tenían la sartén por el mango y humildemente les pedí que me dieran la oportunidad de demostrar mi valía y mi respeto por ellos y por su barrio. Y agregué que, aunque no nos agradáramos, de cualquier forma pasaríamos todo el verano juntos.

Les pregunté si me enseñarían el barrio como ellos lo vivían, e incluso les dije en qué tortillería comprábamos tortillas, a qué tiendas de comestibles íbamos y quién era nuestro carnicero de confianza.

—Aunque no viva aquí, eso no significa que no sea parte de esta comunidad ni que crea que mis paisanos no tienen derecho a mejores oportunidades y una mejor educación.

A pesar de que su primera reacción fue de rabia, después de escucharme no podían creer que hubiera dedicado tiempo a darles explicaciones. Estaban acostumbrados a que los ignoraran. Su reacción fue de *Caray, esta mujer pasó todo este tiempo hablando con nosotros como si de verdad le importáramos.*

Aquella confrontación terminó con un profundo respeto mutuo, y desde ese día los cinco nos volvimos inseparables. Ellos llevaban comida de sus casas para compartir conmigo y yo les compraba café y donas. Un fin de semana los llevé de excursión al Instituto de Arte de Chicago, al que nunca habían ido. Prácticamente nos volvimos familia. Aprendí a verlos tal y como eran, a entender su punto de vista y a tratarlos con respeto. Quería ser su Beatriz.

Para el final del verano, la comunidad planeó una celebración llamada Festival del Sol. Mis estudiantes de bachillerato y yo acordamos ir juntos; sin embargo, el mero día Babyface dijo que no podría ir porque él formaba parte de la pandilla de los Latin Kings, y el festival se realizaría en territorio enemigo. Podrían matarlo si lo veían ahí. En los ochenta, las pandillas eran el pan de cada día en Chicago, y la historia del crimen organizado en la ciudad es bastante compleja. Babyface tenía apenas quince años y quería salirse de la pandilla; de hecho, Teresa y él tenían planes para salir del barrio, pero no sería fácil.

—Claro que vendrás —le dije—. No me importa si tengo que pararme enfrente de ti para que nadie te vea ni te dispare.

Finalmente, Babyface asistió al festival, y yo fui su escudo todo el tiempo.

Ese barrio mexicano era mi barrio mexicano. Por fin conocía a la gente que lo habitaba y había visitado sus hogares. No tenían mucha comida, y los padres rara vez estaban en casa porque trabajaban todo el tiempo. La pobreza en la que vivían era auténtica y compleja, y no tenía una solución sencilla.

Pasé ese verano yendo y viniendo de nuestro departamento en Hyde Park al barrio de Pilsen. Primero tomaba un autobús, luego el tren elevado y luego me bajaba en la calle 18, desde donde caminaba cinco cuadras hacia el norte. Ver mi privilegio a diario me permitió vislumbrar lo agradecida que estaba por lo que tenía. Y, al reconocer mi privilegio y mi poder como una de las pocas latinas de la ciudad de Chicago que estudiaba en una Ivy League en la Gran Manzana, debía asumirlos y convertirlos en un sentido de la responsabilidad. *¿Cómo puedo ayudar a mi gente?* Por eso quería volver al barrio. Y esa pregunta me acompañaría cuando volviera a la universidad el otoño siguiente.

CAPÍTULO 19

Encontrar mi voz en el espectro radioeléctrico

‿✄‿

En septiembre volví a Nueva York con un propósito de vida renovado, llevando a cuestas las lecciones y experiencias que me había dejado el barrio. La vida de la residencia universitaria no era para mí, así que decidí abandonar el campus y mudarme a un edificio de departamentos con mi amiga Tammis. Aunque ella venía de una familia blanca privilegiada de Connecticut, era la única del grupo, además de mí, que había decidido vivir entre dominicanos y boricuas en un barrio que la mayoría de los estudiantes de la Ivy League y sus padres consideraban "peligroso". Pero era el Upper West Side, ¡por Dios!, y estaba apenas a ocho cuadras de la universidad.

Todos en nuestro vecindario eran morenos o negros y hablaban español. Comprendía todo lo que decían, y la mayoría de las veces la gente hablaba simplemente de asuntos cotidianos. Para mí, en el Harlem latino confluía lo mejor de todos los mundos, como si Hyde Park y Pilsen se fundieran en un mismo espacio.

De inmediato me enamoré de mi nuevo hogar. Era un edificio viejo y húmedo que parecía sacado de *Amor sin barreras*. No tenía elevador y nuestro departamento estaba en el quinto piso, lo que implicaba subir a diario las escaleras sin importar qué tan cansadas estuviéramos ni cuántas bolsas de comestibles cargáramos. Por dentro se notaba que el disparejo piso de tablones chirriantes de madera no había sido pulido en muchos años. Era imposible caminar descalza por temor a que se te enterrara una astilla del tamaño de un gusano. Además, vivíamos en una perenne batalla campal contra las cucarachas y yo no tenía experiencia previa con esas asquerosas sobrevivientes que en Nueva York están por doquier, sin importar lo que hagas.

Tammis, que aspiraba a ser cineasta y fotógrafa, tenía dos pequeñas habitaciones: una para dormir y otra para trabajar en sus proyectos. Yo también tenía dos cuartitos. Era un departamento de interés social, lo que implicaba que estaba diseñado para albergar a las hordas de inmigrantes recién llegados a la ciudad. Mis cuartitos daban a la escalera de incendios y por la ventana abierta alcanzaba a escuchar el traqueteo del español dominicano que a veces adoptaba el tono de discusiones acaloradas o de peleas a gritos de alguna pareja. El aroma de las habichuelas (como se conoce en República Dominicana a los frijoles) y del adobo hervido en las estufas de los vecinos entraba con frecuencia por nuestra ventana. Mis padres sabían que había dejado la residencia universitaria y les daba gusto que eso implicara un ahorro, pues ellos me ayudaban con la renta. A mí me tocaba pagar ciento treinta y cinco dólares al mes y, como por cada trabajo de niñera me pagaban alrededor de veinticinco dólares, necesitaba trabajar unas seis noches al mes para cubrir mi parte de la renta.

Me estaba convirtiendo en una mujer independiente y en una versión neoyorquina de Beatriz. Decoré mis cuartos con textiles mexicanos de Oaxaca y fotografías de mis amigos y colegas en Pilsen. En ese entonces experimentaba con la fotografía para descifrar si el fotoperiodismo era lo mío. A diario, cuando despertaba, me llenaba de alegría ver mi habitación impecable y decorada con las cosas que me vinculaban a mis raíces mexicanas ancestrales.

Ya no era una jovencita mexicana que vivía en el barrio mexicano de Chicago, sino una migrante latina que vivía en un barrio latino entre toda clase de hispanohablantes: dominicanos, puertorriqueños, cubanos, argentinos, chilenos, colombianos y una cantidad creciente de centroamericanos.

Después del verano que trabajé en Pilsen, reintegrarme a la vida universitaria fue complicado. Conservaba la vívida imagen de haber protegido a Babyface de las pandillas rivales en el Festival del Sol, pero mis amigos en Nueva York no entendían de qué les hablaba. La pobreza y la violencia entre pandillas eran experiencias lejanas y ajenas. Cecilia me decía que le parecía increíble lo que había hecho, pero tampoco tenía idea de lo que implicaba. Entendí entonces que siempre existiría esa desconexión, que distintas partes de mí habitarían por siempre diferentes espacios geográficos.

Ahora que vivía entre dos ciudades distintas, dos realidades diferentes, dos experiencias únicas de latinidad en Estados

Unidos, debía familiarizarme con la mujer transfronteriza que era y amarla.

Para el segundo año de universidad, decidí inscribirme en materias relacionadas con estudios latinoamericanos y estudios de la mujer para explorar mi identidad feminista. Un día, poco después de iniciado el año académico, recibí una llamada de Carlos y José Luiz de WKCR, la estación de radio universitaria de Columbia.

No solo no se habían olvidado de mí, sino que habían encontrado la forma de localizarme. En ese entonces no teníamos correo electrónico, celulares ni buzones de voz. Si alguien te llamaba, tenías que estar en casa para tomar la llamada. En fin, después de que me hablaron nos reunimos en una sala común de Ferris Booth Hall, el edificio que albergaba la estación de radio y las organizaciones estudiantiles. (Desde entonces, el edificio ha sido remodelado y, con algo de suerte, limpiado a fondo, pero es un lugar histórico porque muchas de las reuniones sobre las protestas de los estudiantes de Columbia en 1968 ocurrieron en ese espacio sagrado).

Me senté en un viejo sofá sucio a escuchar a esos dos amantes de la música latina hablar sobre su programa de radio, y de pronto me di cuenta de que querían pedirme que me hiciera cargo de su programa de salsa, que se transmitía los miércoles por la noche.

¿Qué estaba pasando? Yo no era una gran entusiasta de la música latina ni sabía nada sobre la salsa. Tenía diez discos de La Nueva Canción y había empezado a escuchar música de protesta de gente como Víctor Jara y Silvio Rodríguez, pero no sabía dónde conseguir más discos en Nueva York y jamás había sido pinchadiscos en un programa de radio. Era una estudiante de segundo año sin experiencia. ¿Cómo podían pedirme eso? Supongo que mi expresión delató mi desconcierto absoluto. Me quedé petrificada, sintiéndome la peor impostora a pesar de estar entre quienes consideraba mi gente.

—Mira, la razón por la que te lo pedimos es porque no tenemos alternativa —dijo uno de ellos finalmente—. Hemos perdido integrantes. En la última década la gente se ha politizado menos. No entienden el compromiso político ni las implicaciones que tienen estos programas en el campus y la ciudad. Si no cubrimos esa franja horaria, nos la quitan. Y tú sabes lo mucho que les costó a generaciones anteriores conseguir esos espacios. Ellos lucharon para que nuestras voces se escucharan. No podemos defraudarlos. Y nadie más que tú puede hacerse cargo.

—Pero solo tengo como diez discos —dije.

—Diez es mejor que cero. Te ayudaremos a sacarlo adelante. Hablaremos con las disqueras para que empiecen a mandarte música. Pero tienes que hacerlo por nuestra gente.

Aunque Carlos y José Luiz no hablaran de "la raza", sabía a qué se referían. Me veían como su igual y creían que era capaz de lograr cualquier cosa, aunque yo dudara de mí misma. Además, no me dieron la oportunidad de negarme. Tenía que confiar en sus palabras: si ellos creían en mí, entonces podría lograrlo. El poder que adquieres cuando crees en alguien más y el poder que sientes cuando alguien más cree en ti más de lo que tú crees en ti misma tienen el potencial de cambiar el mundo.

En cuestión de dos semanas, empecé a pasar todo mi tiempo libre en la cabina de transmisión con los otros pinchadiscos para observar todo lo que hacían: cómo ponían los discos y cuidadosamente asentaban la aguja en los LP, cómo hablaban al micrófono con distancia suficiente para que no se distorsionara el sonido, qué botones presionaban para que todo saliera bien... ¡Eran muchísimos botones! Y tuve que aprender a hacerlo todo sola. Mis amigos me acompañarían en los primeros programas, pero luego tendría que rascarme con mis propias uñas.

La primera noche que salí al aire, me temblaba la voz y me temblaban las manos, tanto que me costó mucho trabajo asentar la aguja sobre el disco sin rayarlo. El día anterior había hecho una lista de las canciones que planeaba poner durante el programa para tener mis discos en orden y tener claro cuál iba después de cuál. Les di la bienvenida a los radioescuchas, me presenté únicamente como María y anuncié que el nombre del programa era *Nueva canción y demás*. Después de cada canción, decía el nombre de la pieza que acababan de escuchar y los nombres de los músicos involucrados. Parecía uno de esos presentadores de programas de música clásica que crecí escuchando en WFMT en Chicago: distante, casi robótico, a pesar de estar haciendo un esfuerzo por sonar gentil y hospitalaria.

Las cosas siguieron así hasta que se volvió una cosa más rutinaria. Veía que otros pinchadiscos se divertían y, a diferencia de mí, no se dejaban llevar por sus inseguridades (aunque quizá me sentía así porque no había muchas otras mujeres conductoras). Sin embargo, ya que sabía usar el equipo, que no me temblaba la mano al asentar la aguja sobre el disco y que podía leer lo que tenía enfrente sin que me temblara la voz, caí en cuenta de que necesitaba encontrar mi propia voz. Las semillas que había plantado empezaban a echar raíces y a darme una base sobre la cual podría encontrar mi propia forma de expresarme.

Un par de meses después, Cecilia empezó a acompañarme al programa nocturno de los miércoles, de diez de la noche a una de la mañana, para que no tuviera que regresar sola a casa. Después de nuestro primer año de universidad, Cecilia se había radicalizado mucho más que yo. Una noche, después del programa, me dijo:

—¿Sabes qué? No deberíamos hacer el programa en inglés. El inglés es la lengua de los colonizadores. Deberíamos hablar en español, aunque también sea una lengua de colonizadores, pero al menos es nuestra.

Para ese entonces, el inglés se había convertido en mi lengua dominante y mi español tenía un acento muy marcado y era poco pulido, así que le dije:

—Pero nuestro español no es tan bueno.

—Nos las arreglaremos. Además, es una forma de reforzar la importancia de nuestra lengua materna.

En los últimos años, un movimiento a favor de declarar el inglés como lengua oficial de Estados Unidos había ido ganando tracción, empezando con un decreto antibilingüe emitido en el condado Dade de Florida en 1980. Un año después, Virginia declaró que el inglés era su lengua oficial. Por ende, una forma de tomar postura como hispanohablantes orgullosas era hacer nuestro programa de radio universitaria en español.

Así que eso hicimos. Pero no salió como esperábamos. La gente empezó a llamar para decirnos cosas como: "¿Por qué su español es tan malo? Deberían esforzarse más". No era algo fácil de escuchar, pero lo tomamos como una crítica constructiva. Por ende, a la semana siguiente abordamos el tema de frente.

—Sabemos que muchos radioescuchas tienen problemas con nuestro español porque no es perfecto. Somos universitarias y hacemos esto por amor, pero queremos hacer las cosas mejor. Queremos reapropiarnos de nuestra lengua, así que aceptamos sus comentarios y correcciones.

Saber que estábamos haciendo un esfuerzo hizo que la gente que nos escuchaba fuera más comprensiva. ¡Estábamos intentándolo!

Cada dos meses nos reuníamos en Ferris Booth Hall con el departamento de música latina, incluidos los chicos que pinchaban discos los lunes y viernes en las noches. Carlos y José Luiz me recibían con un abrazo y me decían que estaban muy orgullosos de mí. Oficialmente me había vuelto parte de la comunidad de WKCR, y ellos me dieron las herramientas para ver mi propio poder.

—La gente las escucha y disfruta de lo que están haciendo. ¡Nunca nadie lo había hecho antes! ¡Sigan así! —dijeron.

Nueva canción y demás ocupaba una franja horaria en la que originalmente se escuchaba salsa, un tipo de música de tradición cubana y puertorriqueña. Poco a poco fui dándome cuenta de que la salsa estaba muy politizada y que la gente de

Puerto Rico estaba haciendo un gran esfuerzo por sobrevivir como una de las últimas colonias estadounidenses. El simple hecho de ondear la bandera boricua era un acto político, dado que el gobierno estadounidense la había prohibido cuando recién se apoderó de la isla. Por ende, poner en la radio la música de la isla, con sus raíces afrocubanas, implicaba un posicionamiento político.

Cecilia y yo estábamos tan politizadas como nuestros predecesores, pero nuestro estilo era distinto. En vez de solo poner salsa, también poníamos música chilena, argentina, nicaragüense y mexicana, así como música de protesta cubana y puertorriqueña. La canción de apertura del programa era "¡A desalambrar!", en la versión del grupo de músicos activistas afrodominicanos Expresión Joven. "Desalambrar" significa derribar las cercas que separan a los pobres del resto de la población dominicana y del mundo entero. Los neoyorquinos latinos que escuchaban WKCR entendían la vibra del programa porque le infundía vida a la idea de la solidaridad latina y panlatinoamericana.

El privilegio de presentar *Nueva canción y demás* también traía consigo responsabilidades. Las ondas radiales de WKCR cubrían un territorio de casi 90 millas, así que era una de las estaciones no comerciales más escuchadas en la ciudad; tenía mucha influencia y visibilidad. Algunas de las primeras cartas que recibimos fueron de personas que estaban en la penitenciaría del norte del estado. Nuestros hermanos y hermanas en prisión escuchaban *Nueva canción y demás* y nos escribían cartas cada mes. Y eso me obligó a procesar el poder de la radio y el poder de mi propia voz en el espectro radioeléctrico.

Claro que no toda la gente nos apreciaba. Había mucha gente a la que no le gustaba lo que hacíamos, ni les gustaba nuestro sonido ni que Cecilia tuviera acento argentino, lo cual muchos percibían como un símbolo de blanquitud y privilegio (y Cecilia tenía ambas cosas). Pero seguíamos siendo dos jóvenes de una Ivy League que estaban sumamente comprometidas con crear un espacio para todo tipo de música latina: boricua, mexicana, argentina, dominicana, cubana, colombiana... Formábamos parte de una gran comunidad de gente que debía apoyarse entre sí, como si el sueño de Simón Bolívar de una Latinoamérica unida se estuviera materializando en el norte de Manhattan.

Poco a poco empezamos a recibir llamadas de apoyo: *Gracias por lo que están haciendo. Su selección musical es increíble. Gracias por poner canciones de Mercedes Sosa. Gracias por poner canciones de Pablo Milanés. Gracias por poner canciones de Quilapayún y de Inti-Illimani. Gracias por poner música con ritmos indígenas.*

Durante las vacaciones de invierno, Cecilia nos acompañó a mis padres y a mí a nuestro viaje familiar anual. En esa ocasión, en lugar de conducir, viajamos en avión y pasamos unos cuantos días en la playa de Manzanillo antes de viajar a la Ciudad de México. Cecilia conoció el lugar donde nací y donde pasé buena parte de mi infancia. La llevé a las pirámides de Teotihuacán y a la Librería Gandhi, donde compramos todos los discos de música folclórica y política que pudiéramos encontrar. WKCR nos había dado algo de presupuesto para comprar discos para nuestro programa, pero también usamos parte de nuestro dinero.

Ese viaje con Cecilia solidificó nuestra amistad, pues ¡viajamos juntas a mi lugar de origen! Conoció a mis padres, mis tíos y tías y mis primos, muchos de los cuales se enamoraron de ella a primera vista. Cecilia conoció mis raíces, y eso nos convirtió en hermanas de verdad.

Más allá de la increíble música nueva que estábamos descubriendo y poniendo en la radio, había algo mucho más sustancial: esos artistas habían compuesto su música en respuesta a distintos sucesos que estaban ocurriendo en Latinoamérica. Era música de protesta, música de demanda, música con un mensaje político, aunque también hablara de fiestas y vida y esperanza.

En 1979, los sandinistas derrocaron al brutal dictador Anastasio Somoza Debayle y detonaron la revolución nicaragüense. De niña había oído hablar de Nicaragua por un devastador terremoto que azotó al país en 1972. Mis padres tenían un amigo ahí al que querían ayudar, pues él les había contado la historia de cómo el dictador había tomado la sangre donada para los heridos y, en lugar de dársela a la gente necesitada, la había vendido en el mercado internacional. Una vez que se libraron de Somoza, el nuevo gobierno de izquierda buscaba voluntarios internacionales que contribuyeran a un programa nacional masivo para alfabetizar a la población del país más analfabeta en el hemisferio oeste.

El Salvador, que estaba junto a Nicaragua, tenía un gobierno que había masacrado a su propia gente; el ejército asesinó a treinta mil indígenas en 1932 porque se manifestaron en contra de la opresión estatal. Inspirados por los nicaragüenses que se unieron para derrocar a un líder cruel e injusto, los salvadoreños no tardaron en alzarse en armas y conformar una guerrilla callejera en 1979.

Cecilia insistía en que no podíamos seguir poniendo música de protesta sin hablar del contexto político de las canciones. Por lo tanto, *Nueva canción y demás* no tardó en convertirse en el lugar ideal para tener ese tipo de diálogos. Todos los miércoles por la noche, organizadores de grupos políticos situados en Nueva York y activistas de toda Latinoamérica fueron al programa a hablar sobre lo que hacían. Por ejemplo, invitamos a organizadores del Bronx que habían protestado por la filmación de la película *Fort Apache, The Bronx*, en la cual se representaba a los puertorriqueños como adictos a la heroína; para ello, le pidieron a la comunidad que hiciera ruido con ollas y sartenes durante la filmación, lo cual prácticamente impedía que pudieran terminar de grabar las escenas. Hablamos también con activistas boricuas que luchaban por la independencia de la isla, y de ese modo nuestro programa se fue radicalizando.

Los radioescuchas empezaron a darse cuenta de que éramos el referente indicado si querían saber qué estaban haciendo los activistas colombianos de izquierda o las revolucionarias salvadoreñas o los artistas folclóricos mexicanos que se presentarían en el Lincoln Center. La gente se desvelaba escuchándonos y nos llamaba para avisarnos que *la próxima semana vendrá de visita tal persona de tal organización* o *habrá tal protesta y nos gustaría hablar al respecto en su programa*. Nosotras accedíamos, y así fueron pasando las cosas. La voz se corrió.

Una noche, cuando ya llevábamos más de un año al aire, recibí una llamada de un desconocido que decía trabajar en la radio nacional pública, la NPR.

—Deberías considerar hacer carrera en radio. Tu voz es increíble.

Recuerdo que me reí y contesté:

—¡Ni al caso! ¿Qué te hace pensar eso?

—Tú no te escuchas, pero tu voz es perfecta para la radio —dijo, y agregó—. En serio deberías considerar dedicarte a esto.

Quizás en ese entonces no creía del todo en mi propia voz, así que tuvo que decírmelo alguien más. Pero al menos no lo eché en saco roto.

CAPÍTULO 20

Los viajes con Jorge

～⊷⊶～

Mamá y papá habían plantado las semillas de la curiosidad en sus cuatro hijos, y cada uno había emprendido su propio viaje para entender su identidad. Bertha Elena, mi hermana, inició su vida universitaria en la Ciudad de México, con la idea de ser antropóloga, pero luego decidió que quería ser profesora de educación especial a nivel preescolar y trabajar con niños autistas o con discapacidades auditivas. Mi hermano Raúl se había ido a hacer investigación y a seguir con su activismo sobre temas electorales y organizaciones comunitarias, pero ahora con base en Berkeley, Oaxaca y los pueblos de la sierra.

Mi hermano Jorge, el tercero de los cuatro, había decidido distinguirse de los demás y aprender portugués, así que se inscribió en un programa de estudios de seis meses en Río de Janeiro, Brasil. Cuando terminé el segundo año de la universidad, había logrado ahorrar un par de miles de dólares gracias a al otro lado del mundo, en el hemisferio sur, donde hasta el agua del retrete gira en sentido contrario. Y lo sé porque lo vi con mis propios ojos cada vez que jalaba la cadena.

Río de Janeiro era una exuberante ciudad tropical, construida en la cima de colinas rocosas junto al mar. Nada que ver con la selva de concreto neoyorquina. Las flores de hibisco rojas brillaban tanto que parecían estar en llamas. Los mangos que vendían en las esquinas estaban tan maduros y listos para comer que perfumaban toda la calle. La gente esbozaba sonrisas inmensas y sus bañadores eran diminutos.

Pero había otra parte de Río que se veía desde todas partes: las favelas. Ese hermoso lugar, una de las siete maravillas naturales del mundo, también tenía uno de los peores índices de pobreza del mundo. La ciudad de la vida glamorosa estaba rodeada de colinas llenas de gente viviendo en casas de cartón. Si tenían suerte, vivían en una estructura de cemento con un lavabo, pero no era el caso de la mayoría. Cuando llovía, la gente de las favelas lloraba. El lodo caía como ríos por las calles sin pavimentar y se llevaba todo consigo: la basura, las mascotas y hasta las casas.

El mundo estaba lleno de contradicciones, y la belleza siempre tenía una contraparte. Yo mantenía la mente y los ojos abiertos a todo. Jorge, quien para entonces hablaba portugués con fluidez, tenía una idea más o menos clara de cómo funcionaban las cosas y me lo explicó así:

—Río se sostiene a partir de la imagen que proyecta al exterior.

Había muchos edificios habitacionales hermosos con

vestíbulos elegantes que enmarcaban las avenidas de los barrios pudientes; sin embargo, cuando entrabas, descubrías que los departamentos eran diminutos, oscuros y viejos. Y eso me ayudó a entender un poco mejor cómo era Río.

Después viajamos al sur de Brasil, donde conocimos a una comunidad de brasileños de ascendencia alemana. Eran rubios de ojos azules y vivían en un estado de pobreza extrema. Eso me desconcertó: ver gente caucásica que hablaba portugués y vivía en un estado sumamente precario. Pero fue aleccionador y poderoso ver cómo se deconstruían mis prejuicios ante mí.

En ese entonces, el gobierno brasileño era una dictadura militar. Solo había leído sobre dictaduras en los libros, como algo lejano que ocurría en otros países. Por primera vez en la vida veía una con mis propios ojos. Mi hermano se había hecho amigo de varios jóvenes activistas del Partido de los Trabajadores, el PT, un grupo proscrito por el gobierno. Cuando conocí a algunos de esos activistas, me dijeron que temían por su vida. Eran seres humanos que querían justicia para otros seres humanos, pero luchar por eso en medio de la dictadura militar implicaba poner en riesgo su vida. Conocí gente que estaba dispuesta a terminar en la cárcel o morir con tal de defender sus convicciones.

Seguimos nuestro viaje hacia el oeste y cruzamos la frontera con Paraguay, donde atestiguamos otro nivel de control gubernamental. Para entrar al país, tuvimos que dejarles nuestros pasaportes a los oficiales del gobierno en la frontera. Después de veinticuatro horas, enviaron nuestros pasaportes a Asunción, la capital, que era nuestro destino, y tuvimos que ir a buscarlos a una oficina.

Paraguay estaba gobernado por el dictador Alfredo Stroessner, hijo de migrantes bávaros, quien llevaba más de tres décadas en el poder. En Paraguay había muy poca gente blanca; mientras cruzábamos el campo en autobús, sólo vimos gente indígena. En la capital, la población era mucho más mestiza que en el campo, pero ahí también había una enorme población indígena. De hecho, el guaraní, que es la lengua indígena local, se sigue hablando en todas partes en Paraguay.

Jorge y yo encontramos un hostal para jóvenes en el centro de Asunción, siguiendo las recomendaciones de la gruesa guía para turistas que llevábamos a cuestas. De inmediato empecé a hacer amistad con la gente. A diferencia de Brasil, donde la gente bailaba en las calles de Río, Asunción era un lugar serio. El interior de Sudamérica era más frío y oscuro, y la gente era más reservada.

En Brasil conocí gente negra que hablaba portugués y gente blanca que vivía en la pobreza. En Paraguay fui testigo de la dictadura de un hombre blanco que oprimía a la mayoría indígena y les había quitado todo su poder. Era un lugar aterrador, así que fue un alivio salir de ahí, pero también era fascinante ver a gente blanca que hablaba guaraní con orgullo.

A continuación, Jorge y yo viajamos a Argentina. Para llegar ahí, cruzamos en autobuses desvencijados y a pie las montañas púrpuras de la cordillera de los Andes. Eran las mismas montañas de las canciones de Mercedes Sosa y Atahualpa Yupanqui, las montañas de donde venía Cecilia. Puesto que las estaciones del año están invertidas en el hemisferio sur (cuando en Norteamérica es verano, en Sudamérica es invierno), hacía bastante frío, sobre todo en las montañas. Pero el aire siempre estaba cargado del olor a leña ardiendo en las chimeneas de los hogares.

A la gente parecía agradarle el hecho de que un par de hermanos estuvieran viajando por Sudamérica con la bendición de sus padres. La gente se enternecía. Conocíamos gente en las calles, por lo regular vendedores de algo, y empezábamos a conversar con ellos. Antes de que nos diéramos cuenta, ya nos habían invitado a su casa.

"¿De dónde son ustedes?" nos preguntaban. Lo primero que salía de nuestra boca era: "Somos mexicanos, pero vivimos en Estados Unidos". Y su reacción era siempre como *Guau, mexicanos*. Creo que les parecía una sorpresa agradable, porque no muchos mexicanos viajaban a esa parte del mundo. Debías tener cierto poder adquisitivo para hacer ese tipo de viajes. Aunque sobrevivir ahí no costara más de quince dólares al día, para la gente que vivía en los países que visitábamos quince dólares eran más como cien. No siempre tenían los quince dólares y tenían que sobrevivir con mucho menos que eso. Así que, para nosotros, poder gastar esas cantidades a diario era un verdadero lujo.

En Salta, una familia nos invitó a su casa a cocinar empanadas, quizá las más deliciosas que he comido jamás. De hecho, he pasado toda la vida buscando la empanada que me lleve de vuelta a ese momento. La masa estaba tibia, mas no ardiente; crujiente, pero solo por fuera; y la masa por dentro casi se fusionaba con la exquisita carne molida sazonada con comino y pasas. Décadas después, sigo sin encontrarla.

La humildad de esa gente, su capacidad para abrirnos su corazón y compartirnos lo poco que tenían, me sigue pareciendo asombrosa. Nos contaban historias de su familia y nos hacían preguntas sobre nosotros, los muchachitos mexicanos de Nueva York y Chicago. Eran intercambios entre humanos con el corazón abierto y curiosidad mutua.

De ahí viajamos a Bolivia, donde volvimos a experimentar un cambio drástico. No nos alcanzaba para pagar los viajes en autobús de pasajeros (como los Greyhound estadounidenses), así que cruzamos la frontera entre Argentina y Bolivia en un viejo autobús escolar sin calefacción. La diferencia entre ambos países era como la noche y el día. Pasamos de un lugar con una mezcla de población europea e indígena a uno donde la población era casi 100% indígena. En Bolivia, los soldados eran abiertamente corruptos y uno de ellos hasta se me insinuó. Ahí los oficiales fronterizos no se quedaron con mi pasaporte, pero sí con parte de mi dignidad.

Tomamos un autobús nocturno a Potosí, un pueblo minero con el depósito de plata más grande del mundo. De hecho, los españoles lo fundaron en 1545 y fue su principal fuente de plata durante los siglos que duró la colonia.

También era la ciudad de origen de una de mis heroínas: Domitila Barrios de Chungara. Domitila era una mujer indígena y feminista que se casó con un minero y se volvió activista defensora de los derechos humanos. Junto con las esposas de otros mineros, ayudó a organizar el Comité de Amas de Casa para exigir que se aumentaran los salarios de los mineros. Gracias a eso, se convirtió en un icono internacional. Había leído su autobiografía, *Si me permiten hablar*, y desde entonces supe que era el tipo de feminista que yo aspiraba a ser. Sentía una gran necesidad de hacer un peregrinaje al lugar donde todo había empezado: las profundidades de las minas de plata de Potosí, donde las mineras seguían explotando a la madre tierra con fines económicos.

Mi hermano y yo viajamos en el autobús con camisetas y pantalones cortos, pues al subirnos hacía mucho calor. Pero lo que no tomamos en cuenta fue que, dado que Bolivia estaba a una altitud mucho mayor, la temperatura disminuye de golpe cuando anochece. Nos despertaron el frío bajo cero y la nieve en medio de la noche oscura. Estábamos congelados, pero no teníamos acceso a nuestro equipaje como para ponernos más ropa, así que tuvimos que abrazarnos para mantener el calor.

Llegamos a las seis de la mañana y caminamos juntos por las calles solitarias de Potosí con nada más que nuestra mochila. Cuando llegamos al hostal, nos metimos de inmediato a la cama, pero Jorge empezó a reaccionar muy mal a la altitud y me dijo que no podía respirar. Me pasaron toda clase de ideas por la cabeza: *Apenas tengo veinte años. ¿Cómo puedo lidiar con esto yo sola? ¿Qué se supone que debo hacer?*

Estaba aterrada, así que bajé al vestíbulo y les dije a los empleados del hostal que mi hermano no podía respirar. Pero ¿qué podían hacer ellos? Había leído en la guía de turistas que en Bolivia acostumbraban a beber un té hecho con las hojas de coca, la misma planta de la que proviene la cocaína. Se supone que el té de coca ayuda a la gente a relajarse y respirar a pesar de las molestias causadas por la altitud. De inmediato le llevaron té de coca a mi hermano, y yo lo acompañé mientras intentaba relajarse. Por fortuna, la situación no empeoró y después de un día de descanso pudimos salir a explorar.

La gente de Bolivia resultó ser fascinante. Las mujeres usaban sombreros de ala corta, hermosas faldas llamadas polleras y chales multicolor. Solían llevar consigo a sus hijos y las mercancías que comercializaban.

En general, los bolivianos no nos veían como mexicanos adorables, sino como gringos despreciables que se asemejaban a sus opresores. Y es que su propia gente los había tratado de forma inhumana durante mucho tiempo. A pesar de ser mayoría, la población indígena no tenía poder alguno en Bolivia. Lo único que podían hacer era mirarnos con desdén y sisear. No querían que los turistas los observaran. Pero yo les decía que no era gringuita, sino mexicana.

Cuando llegamos a las minas de plata, preguntamos si podíamos entrar a conocerlas. Los mineros locales nos permitieron entrar y dar un paseo rápido en el que parecía un elevador operado por una polea dentro de la montaña. Los pasillos al interior de la mina eran sofocantes y claustrofóbicos, así que al salir estábamos desesperados por respirar.

Mientras paseábamos por las calles de Potosí, y luego en las de La Paz y Cochabamba, en mi cabeza no dejaba de escuchar "Beast of Burden" de los Rolling Stones. Los colonizadores habían tratado a los indígenas como bestias de carga y los usaban para trasportar toda clase de cosas a sus espaldas: sofás, camas, niños, concreto y cualquier otra cosa que pudieran cargar.

De los países que habíamos visitado, Bolivia era el más inestable a nivel político. Si bien Brasil, Paraguay y Argentina estaban controlados por dictaduras militares, Bolivia era la tierra de los golpes de Estado. Un golpe de Estado es cuando un grupo armado, por lo regular militar, revoca a un gobierno por la fuerza y no por medio de procesos democráticos, e impone a un nuevo gobernante. Es completamente distinto de un cambio de gobierno derivado de una revolución, la cual busca cambiar el sistema social que se usa para gobernar el país con la intención de beneficiar a su población.

Para cuando llegamos a La Paz, la capital de Bolivia, el país había sobrevivido a más de ochenta golpes de Estado. Durante nuestro tercer día en La Paz, ocurrió el siguiente. La gente del hostal nos sugirió que no saliéramos de ahí durante un par de días. El acto de derrocar a la gente en el poder a diestra y siniestra estaba sumamente normalizado y en general no había implicado derramamiento de sangre, pero eso no lo hacía menos ilegal.

Nuestra última parada en Bolivia fue en el lago Titicaca, en la frontera con Perú. Es el lago más elevado del mundo y tiene un nombre inolvidable. La guía para turistas decía que en medio del lago había una serie de islotes llamada Taquile. Esas islas eran gobernadas por mujeres, como una especie de matriarcado socialista donde todo era equitativo y todo se compartía. Era una especie de utopía.

Quienes vivían en las islas se encargaban de albergar a los pocos turistas que permitían que las visitaran. Nos anotamos en una lista, y entonces nos dieron permiso de pasar una noche en casa de una de las familias locales. Un guía de turistas nos recogió en un bote y nos llevó al centro del lago Titicaca, el cual mide 190 kilómetros de largo. Después de hora y media llegamos al hogar de nuestros anfitriones. Vivían en una cabañita hecha de lodo endurecido sostenida por una estructura de madera. Era una de tres cabañas construidas en torno a un fogón abierto. Nosotros dormiríamos en una de las otras cabañas. El piso era de tierra y las camas estaban hechas de tablones de madera elevados, cubiertos de pieles de animales.

No había electricidad, agua corriente, ni nada. Era como si la vida ahí no hubiera cambiado en los últimos cien años. La familia nos ofreció una cena sencilla y casera, después de lo cual nos sentamos en torno al fogón a contarnos historias graciosas. Su español era muy rudimentario porque no era su lengua nativa, pero fue una experiencia hermosa poder pasar tiempo con gente con la que creíamos tener muy poco en común. A las nueve de la noche, todos se habían ido a la cama, y es que cuando no hay electricidad, cuando el sol se oculta tú también lo haces, que es justo lo contrario a lo que ocurre en la Gran Manzana, donde hay actividad las veinticuatro horas del día.

Estaba fascinada con esa comunión con la naturaleza, pero a la una de la mañana desperté con el estómago revuelto y una gran urgencia por ir al baño. Claro que ahí no había baños, pero recordé que a unos cuantos pasos había una zona donde la gente podía ir a hacer sus necesidades fisiológicas. Sin embargo, no sabía dónde estaba ni tenía una linterna. Estaba mareada y me sentía fatal, así que debía encontrar la forma de llegar. Me bajé de la cama y salí a la oscuridad de la noche.

Caminé adonde creí que era la zona de desechos y solté todo. Lo único que me importaba era estar lo suficientemente lejos de la casa. Me sentía asquerosa y humillada y asustada por estar semidesnuda en lo que parecía ser el medio de la nada.

Pero luego, poco a poco mis ojos se fueron adaptando a la oscuridad. Alcé la mirada al cielo que parecía estar en llamas. No había luz eléctrica en las inmediaciones, así que por primera vez en la vida verdaderamente vi el cielo. Las estrellas brillaban tanto que parecían faros que iluminaban mi camino de regreso a la cabaña. Brillaban tanto que podrían haber alumbrado todo Park Avenue. Me quedé un rato ahí, en silencio, antes de entrar de nuevo a la cabaña oscura. Ya no tenía miedo ni me sentía repugnante. Estaba fascinada.

El cielo quería transmitirme un mensaje: esto es lo que hicieron tus ancestros. Ellos miraron este mismo cielo y fue mágico para ellos. Hablé con las estrellas y ellas me hablaron a mí. No tenía prisa. Todo estaba bien. Estaba en medio de la nada. Y estaba bien.

Al día siguiente partimos de Taquile y seguimos nuestro camino a Perú. Nuestra primera parada fue en Puno, una ciudad en la orilla noreste del lago Titicaca. Un día fui al mercado al aire libre para comprarme un suéter que me protegiera del clima invernal, y en uno de los puestos hechos de madera había una mujer vendiendo cobijas y suéteres y otras cosas. Traía puesto un sombrero de ala corta sobre el cabello largo y trenzado, y llevaba a su bebé a cuestas, atado a ella con una manta.

Se llamaba Carlota y me compartió su historia. Era madre soltera y pertenecía a un colectivo de artesanas indígenas, igual que mi heroína, Domitila Chungara. Se había unido a él porque creía en el poder de la colectividad y decía que así era más fácil llevar su negocio, aunque tuviera que compartir un porcentaje de sus ganancias y pagarle una cuota al colectivo. Además, eso les brindaba seguridad porque la policía no podía obligarlas a cambiarse de lugar. Por ende, tenía voz propia y trabajaba con otras mujeres, lo que hacía que en ese mercado la competencia no fuera tan feroz como en los demás en Puno.

Pasé más de una hora conversando con ella mientras su bebé dormía. Era pleno día en mitad de semana, así que podía darse el lujo de conversar conmigo. A Carlota le sorprendió que me interesara tanto hablar con ella y saber qué pensaba, cómo vivía y el tipo de cosas que hacía. En ese entonces no lo sabía, pero estaba pensando como periodista. Forjé un vínculo con esa desconocida y le di la oportunidad de abrirme su corazón. Y una vez que supiera lo suficiente sobre el contexto de su vida, podría escribirlo y compartirlo con otros para darle voz en espacios a los que no podría tener acceso sola.

A Carlota yo le parecí tan interesante como ella me lo pareció a mí. Me preguntó sobre mi vida de soltera en Nueva York. ¿Qué pensaban mis padres de que viviera lejos de ellos? ¿Tenía novios? ¿Cómo lidiaba con eso? Yo tenía veinte y ella como veinticinco. Hablamos de cosas de las que una no suele hablar con gente a la que acaba de conocer. Pero para mí eso era el feminismo: la capacidad de forjar vínculos de amistad, confianza y solidaridad con otras mujeres. Finalmente me despedí, fascinada por aquel encuentro que sabía que nunca olvidaría.

Esa misma noche, como a la medianoche, Carlota llegó a

mi hostal con una amiga y una botella de pisco. Ambas venían un poco bebidas, llevando a sus bebés a cuestas. Carlota me dijo que quería que fuera la madrina de corte de pelo de su hija, así que, a la una de la mañana, le hice su primer corte de cabello a su bebé.

Antes de irse, me preguntó si podía hacerme una consulta íntima. Si tenía novios, ¿cómo le hacía para evitar embarazarme? Entonces hablé con ellas sobre anticonceptivos y la importancia de hacer lo que fuera necesario con tal de protegerse.

Y entonces se fueron, un poco más borrachas que antes, caminando por las calles desiertas de Puno, Perú, con los sombreros ligeramente ladeados a la derecha. Iban riendo sin reparos y sin temor, como si las calles fueran suyas.

Jorge y yo seguimos viajando por Perú. Fuimos a Machu Picchu, que era una especie de castillo en el cielo, rodeado de nubes esponjosas que acariciaban las cimas de las montañas. Visitamos también Ollantaytambo, donde el mercado parecía congelado en el tiempo. Me fascinaba ese tipo de lugares que se veían y olían como si el último siglo de historia no hubiera transcurrido.

Me bañé en las aguas termales ancestrales de los Andes que la naturaleza había hecho para nosotros, rodeada de hombres, mujeres y niños que se metían en ropa interior porque no tenían dinero para bañadores. No bebía en los bares que visitaban los turistas, sino en donde bebían los locales. Y me sentía segura porque estaba con mi hermano.

Para entonces, llevábamos seis meses viajando. Originalmente planeaba volver a Estados Unidos en otoño, para el comienzo de mi tercer año, pero los meses pasaron volando y nosotros nos la estábamos pasando muy bien. Así que decidí postergar el regreso hasta el segundo semestre de mi tercer año, el cual comenzaría en enero. Sin embargo, para diciembre se me acabó el dinero y caí en cuenta de que tampoco podría volver para entonces.

Después de pasar unos meses como siamés de mi hermano, al fin nos separamos. Dado que había gastado todo mi dinero en el viaje, no tuve más alternativa que viajar a Chicago, mientras que Jorge, quien aún tenía algo de dinero, se quedó en México. Mis padres acordaron pagar mi colegiatura, pero yo debía cubrir el resto de mis gastos. Después de tanto tiempo de viaje, estaba en bancarrota. No podía volver a Barnard ni a mi amada Nueva York hasta que ahorrara suficiente dinero.

En lugar de vivir en Nueva York después de mis gloriosos viajes, volví a Chicago a trabajar como mesera. Cecilia se había hecho cargo del programa de radio, pues para ella la vida en la ciudad continuaba. Yo había vuelto a casa de mis padres, al cuarto con papel tapiz de flores que ya no soportaba. Fue uno de esos momentos en los que me cegué ante mi propio privilegio. Había visto a gente viviendo en circunstancias sumamente precarias, luchando por los derechos más básicos, trabajando en lo que fuera para sobrevivir, luchando por tener gobiernos justos que no oprimieran a su propia gente con violencia. Y, aun así, era inevitable quejarme de la habitación de mi infancia y del cursi papel tapiz que lo adornaba.

Estaba decidida a volver a Nueva York. Trabajé tantos días

a la semana como me fue posible para ahorrar lo suficiente para la renta y terminar mis estudios. Después de haber experimentado la vida con tanta intensidad, de haber vivido en el presente sin otros planes, la situación en la que me encontraba cambió por completo. Añoraba a mis amistades, mi libertad neoyorquina y tener claro qué quería hacer después. Pero no tenía nada de eso... o al menos no todavía.

CAPÍTULO 21

La activista que devino en periodista

〜〜〜

Después de trabajar más o menos año y medio como mesera mientras mis compañeros de clase terminaban el tercer año, ahorré suficiente dinero para volver a Nueva York en otoño y terminar mis estudios en Barnard. Nini, Cecilia y yo encontramos un departamento para compartir en la calle 106, esquina con Columbus Avenue. Estaba en el primer piso, al fondo, lo que implicaba que entraba poca luz natural, pero era para lo que nos alcanzaba.

Nini ya se había graduado y había encontrado un empleo. Su padre había logrado escapar de Irán a salvo, así que para entonces sus padres vivían en el Bronx. La familia de Cecilia seguía lidiando con la pérdida del padre, pero al menos tenía un novio nuevo que cantaba canciones populares argentinas. Éramos tres hermanas de tres partes del mundo distintas que vivían la vida al máximo en su departamento de la calle 106. Fue una de las etapas más alegres de mi vida en Nueva York.

Sin embargo, aunque estaba contenta, también me sentía confundida y abrumada porque mis compañeros ya se habían graduado y estaban haciendo otras cosas con su vida, mientras que yo seguía refugiándome en los mismos lugares de siempre.

Volví a trabajar en WKCR, a poner montones de música y a hacer montones de entrevistas con artistas, músicos y activistas que había conocido durante mis viajes por Sudamérica. Sentía que tenía que ponerme al corriente con todas las horas de programación que había perdido durante mi ausencia. Asumí una posición de autoridad como una de las pocas mujeres de la estación y me convertí en la gerente de programas de WKCR. Eso significaba que los chicos de Columbia que tenían sus programas de radio ahí tenían que consultarme y pedirme permiso antes de hacer una serie de cosas.

El respeto que existía entre nosotros era inmenso. Mis colegas del sexo masculino me consideraban su amiga y socia, alguien que quería apoyarlos. De hecho, hasta la fecha me atrevo a decir que es el lugar más colaborativo en el que he trabajado.

Me inspiraban mucho los festivales de música organizados por la gente de WKCR que llevaba más tiempo en la estación, los cuales duraban varios días o hasta una semana. Por ejemplo, hicieron un festival de Bach en el que pusieron música clásica compuesta por Johann Sebastian Bach durante cuatro días seguidos, así como maratones de las canciones de amor de Billie Holiday o de la música de John Coltrane para celebrar el cumpleaños del jazzista.

Supuse que, si ellos podían organizar esos festivales, yo también. Siguiendo los pasos de los estudiantes activistas que fundaron el departamento de música latina, sentí que había llegado la hora de que la estación de radio de la Universidad de Columbia auspiciara un festival de La Nueva Canción en Nueva York. Por ende, pasé veinticuatro horas despierta para producir dicho evento. En cuestión de meses, decidí armar otra gran producción y creé un festival de dieciocho horas de música e información relacionadas con las mujeres para conmemorar el Día Internacional de la Mujer el 8 de marzo de 1982.

Un día, uno de los chicos de WKCR me dijo:

—Oye, María, oí que habrá un festival de La Nueva Canción a las afueras de La Habana. —El género estaba siendo ensalzado como una forma musical sustancial y sumamente política. Era música de protesta inspirada por la cultura indígena. Era el grito de la gente, acompañado de un buen ritmo—. ¿No crees que deberías ir?

Volteé a verlo y contesté:

—Claro que lo creo, pero no tengo forma de hacerlo.

Él me prometió que lo resolvería. Era muy progresista de parte de la Universidad de Columbia financiar a una estudiante para que documentara y grabara un festival de música latina en la Cuba socialista que, en ese entonces, había roto relaciones con Estados Unidos. Visitaría un país hermoso que el gobierno estadounidense consideraba territorio enemigo. Aun así, viajé a Varadero, Cuba, para asistir al festival de La Nueva Canción. Lo grabé todo en una grabadora que pesaba un montón y que la mayor parte del tiempo tuve que cargar sola, aunque no tuviera reparos en pedir ayuda en algunas ocasiones.

Para cuando volví a Estados Unidos, tenía una biblioteca musical extraordinaria. En Cuba grabé la música en vivo de los principales exponentes de La Nueva Canción en toda Latinoamérica para después reproducirla en WKCR. En Nueva York surgió una escena musical de La Nueva Canción que tuvo mucho éxito. Por lo regular, los músicos se presentaban frente a un público de entre treinta y cincuenta personas en una de dos sedes: en el Harlem latino o en el Lower East Side. Estábamos en el seno del movimiento. *Nueva canción y demás* había contribuido a hacerlo realidad al exponer a más gente a la música latina.

Los pasillos de la estación de radio se llenaban de salsa, flautas de Pan, claves y bongos. Un día, en nuestro viejo estudio de grabación, ocurrió algo que me cambió la vida: el músico Bobby Sanabria me dio una especie de maraca mientras su banda tocaba en vivo y me dijo que sintiera el ritmo. En ese momento descubrí que el ritmo vivía en las profundidades de mi ser.

Al verlo me sentí menos acomplejada y dejé de intentar ser lo suficientemente latina a ojos de los demás. Ya había demostrado serlo. (¿A quién exactamente? ¿A los dioses de la identidad latina?). Había viajado por Latinoamérica. Había perfeccionado mi español. Había estudiado y leído a los grandes autores: Gabriel García Márquez, Juan Rulfo, Mario Vargas Llosa, Julio Cortázar, Jorge Luis Borges, Che Guevara, sor Juana Inés de la Cruz, Gabriela Mistral, Elena Poniatowska y muchos más. Y estaba al tanto de la situación política de la región, desde Brasil hasta México.

Me había convertido en la latina neoyorquina que había vislumbrado. Tal vez todo empezó cuando vi por primera vez un cuadro de Frida Kahlo y me di cuenta de lo libre que era. O tal vez fue cuando vi que mi prima mexicana se autonombraba feminista y viajaba sola, y eso me inspiró a hacer lo mismo. O quizá fue cuando me desvelé conversando con los actores de *Zoot Suit*. Empecé a forjar mi visión de mí misma: independiente, radical, feminista. Me había convertido en esa mujer y me había rodeado de otras mujeres, en su mayoría latinas y afrolatinas, que sentían lo mismo que yo. Nos aplaudíamos mutuamente, bailando al ritmo de nuestra propia vida, ese ritmo que creamos para nosotras.

Antes de terminar el último año de la universidad, empecé a pasar todo mi tiempo libre en el epicentro latino de las discusiones y las acciones. *Nueva canción y demás* había obtenido credibilidad con activistas de Latinoamérica y el mundo entero. La gente confiaba en nosotras, pues estábamos documentando un momento histórico de resistencia cultural latina en Nueva York y más allá. Nuestro activismo le daba continuidad al trabajo de los Young Lords y las Panteras Negras, y daba voz a gente que también exigía justicia y equidad en lugar de la pobreza extrema que mermaba las comunidades de Harlem, el Harlem latino y el Bronx, barrios que estaban a unos cuantos pasos de nuestro mundo privilegiado, nuestra universidad y la apestosa cabina de radio de Columbia. Y no solo estaba ocurriendo dentro de esas comunidades, sino en toda Latinoamérica.

La guerra en El Salvador se intensificó y Estados Unidos

dejó en claro de qué lado estaba. En lugar de apoyar a la gente que quería cambios y justicia, enviaba un millón de dólares diariamente al Ejército salvadoreño, una institución cuyas violaciones a los derechos humanos estaban bien documentadas. Por ende, empezamos a transmitir música y actualizaciones provenientes de las estaciones de radio rebeldes y de los bastiones guerrilleros en las montañas salvadoreñas. A través de las ondas radiofónicas de Nueva York, aquello se escuchó en Broadway, en Washington Heights, en Queens y en el South Bronx de Boogie Down.

En Guatemala, por otro lado, se estaba llevando a cabo un genocidio. El general Efraín Ríos Montt, que era radicalmente evangelista, se había apoderado del país y conducía masacres aprobadas por el gobierno que cobraron la vida de decenas de miles de indígenas. Rigoberta Menchú, feminista y defensora de los derechos humanos, sobrevivió a una de esas masacres y empezó a revelar la verdad. Más tarde le dieron el Premio Nobel de la Paz por su valiente labor. De hecho, recibió el premio portando un elegante atuendo indígena y dio su discurso en K'iche', una lengua maya. Y hasta ella encontró la forma de visitarnos y conversar con nosotras una noche en el estudio de *Nueva canción y demás*.

La revolución sandinista en Nicaragua, un movimiento impulsado por el pueblo para derrocar a un dictador injusto, también estaba en la mira de la administración del presidente Ronald Reagan. A Estados Unidos no le agradaba el gobierno sandinista porque era demasiado progresista para sus intereses, así que inició una guerra encubierta (de la que muchísima gente no estuvo enterada) a través del financiamiento de las fuerzas que se oponían a los sandinistas, los contrarrevolucionarios, mejor conocidos como los Contras. Como parte de esa guerra secreta, el gobierno estadounidense intentó vender armas ilegales a Irán, usar las ganancias para financiar a los Contras en Nicaragua y lograr que aplastaran la revolución. Pero sus planes corruptos salieron finalmente a la luz (el famoso escándalo Irán-Contra o *Irangate*), lo cual mostró un ejemplo de cómo Estados Unidos lleva décadas causando estragos en Centroamérica para luego fingir sorpresa cuando los pueblos a los que desestabilizan llegan al norte buscando refugiarse de esa violencia.

La poesía de mi vida alegre y resuelta entraba en contacto directo con gente que había sobrevivido guerras y levantamientos políticos en Latinoamérica, gente que se había visto obligada a abandonar su país por el simple hecho de querer justicia. Cada semana nos visitaban en la cabina de radio activistas centroamericanos, en particular de El Salvador, Nicaragua y Guatemala. Conocí refugiados salvadoreños que habían llegado a Nueva York luego de que sus familias hubieran sido atacadas y sus poblados hubieran sido bombardeados. Durante el programa, yo les pedía a nuestros invitados que nos contaran sus historias. A veces era difícil oír hablar de tanto sufrimiento, pero no podíamos ocultar la verdad.

Los antiguos refugiados chilenos y argentinos recibieron a los nuevos refugiados salvadoreños y guatemaltecos que habían logrado llegar a salvo al Upper West Side. La gente decidía hacer coaliciones para ayudarlos, y el programa de radio se convirtió en una comunidad clandestina de activistas, músicos, artistas y revolucionarios. En los medios masivos nadie sabía de nuestra existencia ni entendía lo que hacíamos, pero la gente que de verdad importaba sabía lo que representábamos y eso nos daba credibilidad. ¿Hay otra forma de obtener ese tipo de respeto que no sea por medio de un esfuerzo honesto y genuino como el nuestro?

Lo que había aprendido y experimentado durante mi vida universitaria me había llevado a un punto en el que debía tomar una decisión. ¿Qué iba a hacer después? ¿Sería artista o activista? ¿Podía hacer ambas cosas sin morir de hambre? En Nueva York, el arte era un medio sumamente competitivo. Ya fuera como actriz o bailarina, siempre había sentido que no era lo suficientemente buena, y la ciudad estaba llena de artistas y bailarines profesionales que habían dedicado su vida entera a perfeccionar su arte. ¿Formarme como bailarina o actriz sería la mejor forma de contribuir a la lucha por la justicia en Centroamérica? ¿O sería mejor dedicarme de tiempo completo a la organización social y el activismo, como algunas personas que conocía? ¿O quizá debía profundizar más en mi faceta de periodista radiofónica, documentadora de realidades, entrevistadora y promotora de comunidades?

Decidí entonces que quería ser activista. Pasaba mucho tiempo con activistas porque iban a mi programa de radio y luego salíamos a algún lado. Gracias a ellos aprendí de primera mano sobre la humanidad en lugar de solo leer al respecto en la clase de Historia Latinoamericana.

Y todo aquello se conjuntó en un momento de grandes

conmociones. La situación de los refugiados salvadoreños en Estados Unidos era alarmante. El gobierno estadounidense los deportaba y los enviaba de regreso a los poblados devastados por una guerra de la que apenas si habían logrado escapar. Los jóvenes refugiados salvadoreños decidieron manifestarse y poner su vida en riesgo haciendo una huelga de hambre afuera de la iglesia Riverside, en Manhattan. No era algo ajeno ni lejano, como el gran boicot de las uvas de César Chávez y Dolores Huerta en California. Estos jóvenes de mi edad, algunos de los cuales eran mis amigos, decidieron hacer una protesta política en mi propio barrio para exigir que se legalizara su estatus migratorio y el de los otros refugiados.

La huelga de hambre atrajo mucha atención mediática, de modo que pronto llegaron reporteros de publicaciones nacionales como el *New York Times* y de periódicos internacionales (incluyendo uno de Japón) que querían entrevistar a los huelguistas. Puesto que yo hablaba español e inglés con fluidez, ayudé a los periodistas a comunicarse con la gente involucrada en el movimiento y fungí como su intérprete. También los puse al tanto sobre el contexto cultural y político salvadoreño, y esos periodistas profesionales me trataron con respeto. Claro que ninguno era latino y casi todos eran hombres, pero esa experiencia me dio una idea de cómo funcionaba el periodismo en el país. *Hmmm*, pensé. *Apuesto a que yo también podría hacerlo.*

Además, para mí la huelga de hambre no era meramente un hecho noticioso. Me preocupaban mis amigos salvadoreños que habían dejado de comer para protestar y que cada día estaban más débiles. Mientras tanto, a mis amigos David, Chris,

Tammis y Cecilia les enfurecía que los neoyorquinos no prestaran atención a la guerra en El Salvador, a pesar de que estaba siendo financiada con sus impuestos. Por lo tanto, juntos diseñamos una acción grupal espontánea frente a Radio City Music Hall, la famosa sala de conciertos ubicada en Rockefeller Center.

Cada vez que se ponía rojo el semáforo de la intersección con la Sexta Avenida, corríamos a la calle y nos acostábamos en el suelo como si nos hubieran masacrado. A diferencia de un plantón en el que la gente se sienta en un espacio público y se niega a irse, lo nuestro era más bien una "ejecución" en la que nos tirábamos al suelo como si nos hubieran asesinado para representar visualmente la violencia que estaba ocurriendo en Centroamérica.

También me uní a la Asociación de Mujeres de El Salvador y asistía a sus reuniones una o dos veces por semana. Organizábamos eventos culturales, recitales de baile con artistas progresistas y lecturas de poesía con gente como Adrienne Rich, Carolyn Forché y June Jordan para generar conciencia sobre la guerra que aquejaba a ese país y recaudar fondos para las salvadoreñas refugiadas y sus hijos. La mayoría de las artistas jamás habían puesto un pie en El Salvador, pero contribuyeron a la causa por una razón muy hermosa: solidaridad.

Encabecé manifestaciones de protesta porque tenía residencia permanente y no corría peligro de que me deportaran, y porque me conmovía que las refugiadas salvadoreñas me pidieran que hablara en nombre de ellas: "Habla por nosotras, por favor. No podemos hacerlo solas. No hablamos inglés y algunas no tenemos permiso de estar en este país. ¿Lo harías por nosotras?". ¿Cómo decirles que no? Encabecé entonces una marcha en medio de Times Square y hablé en nombre de mis amigas, pero no como salvadoreña sino como migrante mexicana, y relaté las historias de cómo las habían perseguido y les habían disparado en las calles de San Salvador por el simple hecho de haber protestado.

Empecé a entender que vivir múltiples realidades era mi superpoder. Era la directora de programas de WKCR, además de pinchar discos. En las calles, era activista. En la cabina, era periodista. Y en el salón de clases me dedicaba al estudio del feminismo.

Seguí siendo transfronteriza, pero esta vez influí en más gente. Había personas que no sabían español y que empezaron a escuchar nuestro programa de radio y a tomar clases de español. Yo interpretaba a los hispanohablantes en la línea de fuego para que los periodistas anglófonos los entendieran y reprodujeran sus historias en la primera plana del *New York Times*.

Ya no vivía en el momento, como cuando fui una viajera desenfadada, porque las historias que configuraban mi mundo actual estaban cargadas de una tristeza muy profunda. La importancia de las experiencias que había tenido en las calles de Lima, La Paz, Asunción, Potosí, Río de Janeiro y la Ciudad de México se fue haciendo más evidente. Durante esos viajes me inspiró y me causó fascinación la fortaleza de las mujeres latinoamericanas que formaban organizaciones colectivas para apoyarse entre sí y luchar por la justicia.

En la universidad elegí especializarme en "Estudios de las Mujeres". Para poder graduarme y obtener mi título, debía escribir una tesis. Al principio pensé que podría hacerla sobre las mujeres que había conocido en mis viajes, como las esposas de los mineros de Potosí; Carlota, la artesana indígena que conocí en Puno; las mujeres que exigían democracia en las calles de La Paz; las indígenas que se hacían cargo de todo en la isla de Taquile… Sin embargo, había tardado casi un año en ahorrar lo suficiente como para hacer ese viaje, así que sería imposible regresar y encontrar de nuevo a las mismas personas. Por lo tanto, debía encontrar otra forma de hacer mi tesis sin necesidad de conseguir dinero ni de viajar.

La respuesta estaba frente a mis narices: haría mi tesis sobre las refugiadas salvadoreñas, pues me había familiarizado con sus historias y había visto de cerca cómo era su vida de refugiadas en Estados Unidos. Decidí entrevistar a salvadoreñas que vivían en Long Island para evitar escribir sobre la gente que ya era parte de mi vida, pues tenía suficiente ética profesional y sensatez como para saber que, si iba a hacer investigación empírica de ese tipo, debía distanciarme hasta cierto punto de mis sujetos de investigación.

En esa época llegaron muchos salvadoreños a Long Island, Hempstead y Westbury. Me puse en contacto con una iglesia que brindaba servicios de primera necesidad para refugiadas salvadoreñas y la visité varias veces para entrevistar a mujeres que, en su mayoría, tenían poco más de veinte o treinta años. Muchas de ellas no habían tenido oportunidad de hablar sobre los sucesos traumáticos que habían experimentado, salvo durante la entrevista de solicitud de asilo. Y muchas eran indocumentadas, así que debía entrevistarlas con cautela para no ponerlas en una situación complicada.

La parte más desafiante del proyecto fue tener que entrevistar a personas que eran más o menos de mi edad y que antes habían tenido vidas normales. Aunque hubieran sido pobres, habían llevado una vida libre de peligros y amenazas. Pero por culpa de la guerra tuvieron que abandonar su hogar.

Una de las jóvenes a quienes entrevisté se veía especialmente triste y atribulada. Tenía diecisiete años y me estaba costando lograr una conexión con ella. Dado que no era muy expresiva, temí que el problema fuera yo. Mientras me preparaba para irme a entrevistar a otra mujer, vi que la muchacha había salido y estaba jugando basquetbol torpemente con chicos más jóvenes que ella.

—Es muy penoso lo que le está pasando —me dijo la trabajadora social que me había puesto en contacto con ella.

—¿De qué hablas? —pregunté, confundida—. Si solo está jugando basquetbol. ¿Hay algún otro problema?

—Está jugando porque quiere provocarse un aborto —contestó la trabajadora social.

La joven estaba embarazada y no quería estarlo. *¡Dios mío! ¡No puede ser!*, pensé. *Esa joven no tiene más remedio que jugar basquetbol con la esperanza de lastimarse y perder el bebé. ¿Cómo puedo vivir en un mundo donde pasan esas cosas? ¿Cómo puedo ser feminista en un mundo así?*

Después de realizar docenas de entrevistas, compilé las historias de todas esas mujeres y escribí sobre el contexto histórico de la guerra en El Salvador. Entregué la tesis, la cual fue leída por Peter Juviler, uno de los profesores de Ciencias Políticas más respetados de Barnard, quien le dio la calificación más alta.

Mientras hacía la investigación para mi tesis, tuve la sensación de que pronto descubriría qué quería hacer por el resto de mis días.

Era una periodista en ciernes. Aunque nunca lo hubiera dicho en voz alta, me estaba permitiendo hacer conexiones y seguir mi intuición. El trabajo que hice en la estación de radio y las múltiples entrevistas que conduje cada semana confirmaron mis habilidades como reportera. Pero el síndrome del impostor volvió a hacerme dudar de mí misma.

Por fin había abierto los ojos al mundo y eso no iba a cambiar. Había aprendido sobre la situación en El Salvador gracias a que, además de ser activista y DJ, era parte de la comunidad latina. Y entonces supe que mi posición me permitía contar esa historia en Estados Unidos de una forma en la que nadie más lo estaba haciendo.

Cuando era niña, las historias de guerra siempre me parecieron ajenas, algo que ocurría muy lejos de mí. Pero la guerra siempre había estado a la vuelta de la esquina, tal y como sucede hoy en día. Si abres los ojos y miras a tu alrededor, verás que esas historias están aquí.

CAPÍTULO 22

Aprender a decir mi nombre

❦

En el otoño de 1984, cuando empecé el último semestre en Barnard, la realidad me cayó como balde de agua helada. Mi vida universitaria no tardaría en acabarse y no había hecho ni una sola pasantía ni tenía cosas que poner en mi currículum. La realidad era que no podía darme el lujo de hacer pasantías no remuneradas porque trabajaba como mesera para cubrir la renta y mis otros gastos personales.

Mamá y papá nunca me presionaron para que sacara buenas calificaciones ni para intentar entrar a ciertas universidades porque sabían que era muy trabajadora. Además, me ayudaba ser la menor de cuatro hijos y que mis padres se mantuvieran ocupados con sus propios empleos. Papá colaboraba con el equipo que pronto inventaría el implante coclear que devolvería el sentido del oído a muchas personas sordas, y mamá se dedicaba de tiempo completo al activismo en defensa de los derechos de las mujeres y de las supervivientes de violencia doméstica a través de la organización Mujeres Latinas en Acción. Sin embargo, conforme se acercaba la fecha de mi graduación, empezaron a preguntarme: "¿Qué planeas hacer después?".

Como cualquier otra universitaria que está a punto de salir al mundo real, aquello me ponía nerviosa y me asustaba un poco. No quería tener que elegir una profesión y un trabajo. ¡Tal vez podría ser mesera para siempre! Al menos tendría efectivo a la mano todo el tiempo. ¿Qué tenía eso de malo?

Cada una de mis amistades había tomado su propio camino pedregoso y empezaba a armar el rompecabezas de un estilo de vida distinto al que podría esperarse de egresados de Barnard y Columbia. David conducía un taxi. Tammis trabajaba como bici-mensajera en Los Ángeles mientras intentaba abrirse camino como editora de cine. Cecilia se había ido a vivir a Perú y estaba pensando en estudiar una maestría. Yo estaba terminando mis materias mientras trabajaba como mesera y en la estación de radio universitaria WKCR.

No obstante, la presión de graduarte de una Ivy League era tangible. Estaba rodeada de gente que hacía planes para el futuro y recibía ofertas de trabajo con salarios jugosos. Pero yo no quería ser parte de eso. Si bien quería tener un empleo, también quería que fuera significativo. Anhelaba estar del lado correcto de la justicia, denunciar a los criminales de guerra y dictadores que silencian a la gente inocente, defender los derechos de los migrantes y los refugiados, definirme y encontrarme a mí misma… Eso era más importante para mí que ganar mucho dinero.

Por primera vez me obligué a ir a la oficina vocacional del campus. Mientras hojeaba la enorme carpeta de pasantías, que contenía ofertas para ABC News, el *New York Times* y la revista *New York*, lo único que pensaba era *no, no, no*. Pero luego me detuve en el sobre plástico de la NPR, la radio nacional pública. Se trataba de una pasantía bajo la dirección de Susan Stamberg (exalumna de Barnard, lo que me permitió vislumbrar las ventajas de haber estudiado ahí), quien era la presentadora del programa más importante de la radiodifusora: *All Things Considered*. La pasantía era en Washington, D.C., y otra exalumna de Barnard ofrecía hospedaje gratuito a quien saliera seleccionada: ¡una ventaja más! Pero entonces el síndrome del impostor hizo de las suyas. *No, jamás me aceptarán*, pensé para mis adentros y pasé página.

Después de más o menos media hora encontré dos pasantías que me entusiasmaban y en las que creía que me aceptarían: una era con el Comité de Abogados por los Derechos Humanos y otra en el Instituto de Estudios Políticos, un *think tank* progresista. Pensé que podría dedicarme a la academia o convertirme en abogada especialista en derecho internacional. Pero ambas eran en D.C. y no incluían hospedaje.

Estaba sentada en una mesa, probablemente con cara de angustia, cuando una mujer que trabajaba en la oficina se acercó y se sentó a mi lado. Con absoluta calma y paciencia, Jane me preguntó qué otras cosas había hecho durante mis estudios en Barnard. Le conté sobre mi tesis y sobre el trabajo de documentación de la huelga de hambre. También le conté lo que hacía en WKCR y los festivales de música de veinticuatro horas que había producido. Asimismo, le hablé de los autores y músicos y periodistas a los que había entrevistado. Ella me escuchó con atención y mucha curiosidad.

—Estás pasando por alto una oferta —señaló.

—¿Cuál? —pregunté.

—Deberías mandar tu solicitud a NPR. Es más, ¡tienes que hacerlo!

—¿En serio? —pregunté—. Pero no soy lo suficientemente buena.

No me imaginaba siendo aceptada en NPR, aunque muchas de mis experiencias de vida me estuvieran llevando hacia allá.

—¡Claro que lo eres! —insistió Jane—. Eres muy buena. ¡Extraordinaria, incluso! ¡Manda tu solicitud!

Su convicción en mis capacidades reforzó los años de experiencia que tenía como presentadora en WKCR y me recordó que, aunque hubiera sacado B en la única clase de periodismo que tomé en la universidad, había publicado varias cosas en el periódico universitario.

Mandé entonces mi solicitud a NPR y puse como número telefónico de contacto el de WKCR. A fin de cuentas, pasaba casi todo mi tiempo libre en la estación, ya que seguía ahí como directora de programas y tenía muchas responsabilidades.

Un día, mientras trabajaba, Phil Schapp, presentador de un programa de jazz que estaba por salir al aire, entró al estudio en el que yo estaba clasificando cintas para decirme que me llamaban por teléfono. Supuse que sería una llamada de negocios común y corriente o de un radioescucha que quería quejarse, pero resultó ser Ted Clark de NPR, el afable productor ejecutivo de *All Things Considered*, que hablaba para ofrecerme la pasantía. Cuando visualizaba complejos mediáticos grandes como NPR suponía que la gente que trabajaba en ellos era sobrehumana. En cambio, el hombre de mediana edad al otro lado de la línea sonaba como una persona de lo más normal. No se parecía en absoluto a los periodistas pendencieros que estaba acostumbrada a ver en televisión y eso me hizo sentir cómoda.

Después de colgar, cuando por fin me cayó el veinte, empecé a saltar y a gritar de alegría, aprovechando que estaba en un estudio insonorizado. Schapp (le digo así porque solíamos llamarnos por nuestros apellidos) estaba al aire en el estudio contiguo, pero al verme empezó a aplaudir del otro lado del cristal, pues se dio cuenta de cómo me cambiaría la vida aquella noticia.

La pasantía era en las oficinas centrales de NPR, en Washington, D.C., y empezaría en enero de 1985. Incluía un bono para traslados y hospedaje gratuito en una habitación privada en la casa de una exalumna de Barnard. Por lo regular la pasantía duraba dos semanas, pero como yo terminaba clases en diciembre, ofrecí quedarme un mes completo.

Durante las últimas semanas de 1984, mientras terminaba mis pendientes escolares y la tesis, acepté todos los turnos de mesera que estuvieran disponibles. Quería ahorrar lo suficiente para cubrir mis gastos del mes completo que estaría en D.C., y mis amigos en el ámbito restaurantero, que eran actores y escritores, eran mis principales admiradores. Ellos me impulsaron a mandar la solicitud para la pasantía, me apoyaron durante la preparación para irme a Washington y me dejaron los turnos extra que tenían para que yo pudiera ahorrar más.

Mis amigos activistas también me alentaron, pues les emocionaba que una de las suyas entrara al sector de los medios masivos estadounidenses. Mi mamá y mi papá respetaban NPR y la escuchaban a veces, pero a partir de que me aceptaron lo harían con más frecuencia, pues estaban sumamente orgullosos de mí al ver que mi vida empezaba a tomar forma.

Mi nerviosismo se mezclaba con la emoción, pero también con un profundo temor a no encajar. Para prepararme, empecé a escuchar sin falta los programas de NPR *Morning Edition* y *All Things Considered* en mi radio AM/FM portátil mientras iba y volvía de mis últimas clases.

El primer domingo de enero desperté temprano y me subí al metro para llegar a Penn Station. Una vez ahí, abordé el tren de las ocho de la mañana que iba a Washington, D.C. Puesto que empezaría a trabajar el lunes, decidí llegar un día antes para situarme y orientarme en esa nueva ciudad. Cuatro horas después llegué a la antigua estación de trenes de D.C., donde tomé mis cosas y me dirigí al metro. Estaba muy tranquilo y limpio en comparación con el de Nueva York, salvo porque los trenes tenían alfombra, lo cual me pareció inusual y un poco asqueroso. ¡Un neoyorquino jamás aceptaría eso!

Mi anfitriona en realidad no vivía en D.C., sino en Arlington, Virginia, al otro lado de la frontera estatal. Al salir de la estación de metro en Arlington, no vi un alma en las calles. Era como una de esas películas de terror en las que despiertas

y toda la gente ha desaparecido. La ciudad estaba llena de ras-
cacielos resplandecientes, pero las calles no tenían números ni
señalizaciones. Todavía tenía que caminar del metro a la casa de
mi anfitriona y, como en ese entonces no existía Google Maps
ni había un alma en las calles, no podía pedirle direcciones a
nadie, así que empecé a caminar arrastrando mi maleta hasta
encontrar una tienda abierta. Entré en ella, y el encargado me
mandó más o menos en la dirección correcta.

La dirección correspondía a un complejo de departamentos lujosos en la cima de la colina. Para cuando llegué a la
entrada, las ruedias de mi maleta se estaban desmoronando.
Al parecer nadie había caminado del metro hasta allá porque
todo el mundo tenía auto. Cuando el portero me vio resoplan-
do en la entrada, corrió a recibirme.

—Vengo con Barbara Colby —dije, casi sin aliento. Mi
anfitriona se había graduado de Barnard en 1942. Y, de solo
ver el vestíbulo del edificio, supe que era la residencia más
pudiente en la que había estado jamás. Había montones de
espejos y detalles pintados de dorado. El portero me acompañó al departamento de la señora Colby, que era un dúplex
con ventanales de piso a techo y una terraza exterior desde
donde se veía Washington, D.C. Tanta opulencia me desconcertó, pero también me intrigó y despertó mi curiosidad.
Empecé a imaginar que esos episodios de mi vida eran parte
de una película y que lo mejor sería sentarme a verlos con una
sonrisa.

La señora Colby era una anciana dulce, con el cabello
teñido de rubio y rizado al más puro estilo de Betty White.

Me pregunté cómo podría entablar una relación con la señora Colby, que era como quería que le dijera.

Después de dejar mis cosas en la habitación de huéspedes, me disculpé con mi anfitriona y volví al metro para descifrar cómo llegar a mi destino al día siguiente. Tenía que estar en NPR a las nueve de la mañana y me negaba a perderme o a llegar tarde. Además, crear un plan de acción e intentar reducir al mínimo lo que pudiera salir mal me ayudaba a controlar el nerviosismo.

Al volver a mi hogar temporal, me adentré en el inmenso salón de mi anfitriona. La luna llena se alzaba sobre el río Potomac y el Capitolio estaba encendido y resplandecía como un sol blanco en la noche oscura, mientras que las luces del Monumento a Lincoln atravesaban la oscuridad con un haz que apuntaba hacia el cielo. Me quedé sin aliento. De pronto sentí una gratitud abrumadora. Mi vida sí era una película.

Me di media vuelta y alcancé a la señora Colby en la cocina. Mi anfitriona estaba preparando una pechuga de pollo al horno, ensalada de lechuga con aderezo de frasco y un "arroz instantáneo" que yo solo había visto en comerciales de televisión. La señora Colby se sirvió una copa de vino y me invitó a acompañarla. Había puesto el programa televisivo *PBS News Hour* como ruido de fondo, y entonces empezó a hablar de la gente que salía en la tele como si la conociera de verdad: el vicepresidente, un miembro del gabinete, el presentador del programa… Durante esa conversación fui cayendo en cuenta de que la señora Colby no era ninguna mosquita muerta.

Resultó que su exesposo era William E. Colby, exdirector

de la CIA. Intenté disimular mi sorpresa mientras la escuchaba criticar a políticos famosos y miembros del gabinete del presidente Ronald Reagan a quienes conocía en persona. Eso me recordó que los hombres poderosos son seres humanos falibles, como cualquier otra persona. La señora Colby me hizo ver lo alejada que estaba de los cotos del poder y la influencia en el país; pero, al mismo tiempo, vivir en la casa de Barbara Colby y trabajar en NPR implicaba estar un paso más cerca que antes.

Los dos lados de mi vida volvieron a chocar de una forma completamente impredecible.

La periodista y activista en mi interior se dio cuenta de que tenía acceso a información sobre sujetos implicados en la caída de un gobierno abusivo en El Salvador. Dormiría en la casa del exdirector y "jefe de espionaje" de la CIA, una institución que llevaba décadas involucrada en la política latinoamericana. ¿Irían agentes de la CIA a inspeccionar la casa de la señora Colby luego de que recibiera visitantes desconocidos? ¿Sospecharían que yo era una espía por mis relaciones con activistas centroamericanos? ¿Mi presencia ahí pondría en riesgo a alguien querido?

Empecé a entender que si iba a ser periodista no podía seguir siendo activista. Intentar hacer ambas cosas pondría en entredicho mi integridad en los dos ámbitos y quizás incluso pondría en peligro a mis amigos activistas y mi propia carrera. De igual modo, los medios de información supondrían que yo no sería objetiva ni imparcial si guardaba lealtad por un movimiento social en particular. Me inundó entonces una profunda melancolía, pues sabía que mi vida como activista tendría que llegar a su fin si de verdad quería hacer carrera como periodista.

Al día siguiente llegué a NPR creyendo que sería una versión más grande de WKCR, pero estaba muy equivocada. Era un espacio enorme, pero saturado. Había montones de cubículos hacinados uno junto a otro, periódicos por doquier y máquinas de escribir en cada escritorio. Cuando entré a la sala de prensa, la gente se veía mucho más adulta y seria de lo que había imaginado. En medio había una pizarra blanca dividida en tres partes, cada una de las cuales representaba media hora del tiempo que duraba *All Things Considered* y formaba un esquema visual de cómo se desarrollaría el programa. Cada columna llevaba el título del reportaje, el apellido del reportero y la duración de la historia.

La mayoría de los empleados eran hombres, lo cual no me sorprendió dada mi experiencia en WKCR, y casi todos eran blancos. Había unas cuantas mujeres jóvenes en la oficina y solo una de ellas era negra. Para entonces ya estaba acostumbrada a sentirme como pez fuera del agua o como una farsante, pues así me había sentido desde el primer día del bachillerato. Mi viejo amigo, el síndrome del impostor, volvía a hacer de las suyas.

Ese primer día no hablé gran cosa. A todo el mundo le dio gusto conocerme y Susan Stamberg, quien coordinaba la pasantía por ser exalumna de Barnard, me dio un fuerte abrazo y fue particularmente dulce conmigo. Pero, dado que era la presentadora de *All Things Considered* y la estrella de la radiodifusora, su atareada agenda no le permitiría pasar mucho tiempo conmigo.

Me asignaron la tarea de seguir a Ellen Weiss, quien en ese

entonces era la mejor asistente de producción del programa, famosa por su celeridad. Era capaz de reducir una entrevista de quince minutos a cuatro en tan solo media hora. Me agradaba y me veía reflejada en ella, como cuando Beatriz me mostró otra versión de mí misma en Pilsen, salvo que Ellen era judía y blanca. Pero se notaba que Ellen era fuerte y decidida. Se paseaba por la oficina con sus pantalones ajustados y botas vaqueras café con blanco, de esas que solo puedes comprarte cuando ganas suficiente dinero. Y yo quería un trabajo de verdad como el suyo.

Después de seguir a varios productores durante una o dos semanas empecé a entender cómo funcionaban las cosas ahí. Los productores sugerían ideas para reportajes en las reuniones matutinas; si eran aceptadas, hacían llamadas para agendar una entrevista que realizaría la presentadora. El productor escuchaba, tomaba notas, entraba al estudio y a toda prisa cortaba la cinta de audio a mano para editar la entrevista. Luego escribía una introducción y dejaba todo listo antes de que *All Things Considered* saliera al aire ese mismo día.

La pasantía no tardaría en terminarse. Ya iba a la mitad del mes y nadie había demostrado interés en mí ni me había pedido ideas. Básicamente me habían relegado a un segundo plano, pero no podía permitirlo. La migrante mexicana en mí decidió que *eso no pasaría*. Me dispuse a intentar hacer un clip de un minuto para la sección de encabezados de noticias que iniciaba el programa. Era ridículo soñar con que mi voz saliera al aire, pero la gente en México también creyó que el sueño de mi padre era ridículo y aun así lo cumplió.

Ronald Reagan estaba a punto de asumir la presidencia por segunda ocasión y *All Things Considered* estaba planeando la cobertura del evento oficial. Yo, en cambio, estaba al tanto de las protestas extraoficiales que se estaban organizando y tenía entre manos una historia que nadie más había llevado a la mesa.

Busqué una potencial aliada. Los noticieros se producían en una parte distinta de la sala de prensa y los presentaban Lori Waffenschmidt en las tardes y Carl Kassel durante el día. Lori parecía un ser humano normal y agradable, y mucho menos temperamental que las mujeres de *All Things Considered*, quienes querían tener más poder, pero trabajaban para hombres. Lori, en cambio, era una mujer empoderada. Ella decidía qué noticias se transmitían en su noticiero, así que decidí que necesitaba armarme de valor y pedirle a otra mujer que fuera mi mentora, tal como aprendí en mi universidad para mujeres. Era lo menos que podía hacer por mí misma.

Me acerqué temblando a Lori, pero me obligué a hablar. Le conté sobre la protesta en contra de Reagan y le pregunté si le gustaría que hiciera un reportaje al respecto como parte de la cobertura de la toma de posesión. Los organizadores querían llamar la atención sobre los bombardeos de Reagan en El Salvador a través de una protesta durante el festejo de su reelección. Lori accedió sin pensarlo dos veces. A diferencia de los otros productores, me dedicó tiempo y me dijo qué hacer, qué tipo de información obtener durante la protesta, cómo solicitar el préstamo del equipo a la estación y dónde sentarme a escribir mi reportaje en una máquina de escribir.

Esa tarde, al volver a la lujosa casa de la señora Colby, le conté sobre mi primer encargo oficial. La esposa del exdirector de la CIA consideró que cubrir las protestas en contra de la toma de posesión de Reagan sería una extraordinaria forma de empezar mi carrera en NPR. Resultó que la señora Colby era mucho más progresista de lo que hubiera esperado, lo cual me recordó que no debía juzgar un libro por su portada.

Al día siguiente pedí prestada una pesada grabadora de sonido que NPR tenía olvidada en un armario y aprendí a usarla. Debía asegúrame de presionar al mismo tiempo el botón de grabar y el de reproducir, pues de otro modo no se grababa nada en la cinta. También necesitaba usar audífonos grandes para escuchar la repetición mientras la gente hablaba al micrófono. NPR me proporcionó un bolígrafo, un cuaderno de notas y un pase de prensa para que la gente supiera que estaba trabajando como periodista.

Por primera vez en la vida asistí a una manifestación como periodista que representaba a una cadena de noticias nacional y no como activista ni como participante. Me esforcé por hacerles preguntas desafiantes a personas a favor y en contra de la protesta, lo que implicaba detenerme en plena manifestación y pedirles que me contestaran una pregunta mientras otros manifestantes gritaban y cantaban consignas. Estaba nerviosísima y me temblaba la mano al acercar el micrófono a la cara de la gente para captar sus comentarios. No podía dejar de pensar que estaba pasando por alto algo importante.

Tomé el metro para volver a las oficinas, escuché la cinta, la clasifiqué y la corté en dos breves entrevistas y algunos ruidos de fondo de la protesta. Escribí un guion y se lo entregué a Lori, quien me trató como su colega, no como una pasante. Lori lo leyó, le hizo unas cuantas correcciones para hacer más concisas algunas oraciones y se aseguró de que me refiriera a Reagan como "presidente Reagan". Luego me dijo que lo grabara, y eso hice. Al final del reportaje, cerré pronunciando mi nombre en inglés.

Mi primer reportaje para NPR saldría al aire esa noche y no tenía forma de compartirlo con nadie. En ese entonces no había celulares, y las llamadas de larga distancia eran muy costosas. Lori me permitió usar uno de los teléfonos de NPR para llamar a mis padres y, cuando por fin logré localizar a la secretaria del laboratorio de mi padre, ella me comunicó con él.

—¡Papi, voy a salir en la radio esta noche! —exclamé.

Al principio papi no entendió lo que estaba pasando, pero igual me felicitó y me dijo que estaba muy orgulloso de mí. Luego encontré una salita de edición vacía y me senté a escuchar sola el programa en vivo, el cual sonaba en las bocinas de todas las cabinas de edición.

Cuando escuché mi clip al aire, lloré en la soledad de mi cabinita. Todo mi esfuerzo y los incontables desvelos en WKCR para aprender a encontrar mi voz habían rendido frutos. Sabía que era un privilegio estar en esos lugares con gente poderosa, pero aun así podía definirme a mí misma en mis propios términos. Parecía arriesgado porque lo era. Pero al menos a corto plazo me había demostrado a mí misma que podía lograrlo. Sentía que me había ganado mi lugar en NPR. Las lágrimas me hicieron sentir como una niñita, pero mi sonrisa era la de una mujer.

Lori me felicitó por mi trabajo y entonces le conté sobre otra protesta. En esta ocasión, activistas conservadores se manifestarían en contra de la reforma migratoria en las oficinas centrales del Servicio de Migración y Naturalización. A la izquierda latina no le agradaba Reagan, como tampoco les agradaba a los académicos ni a los *think tanks* conservadores que estaban en contra de la migración, pues lo criticaban por darles "amnistía" a personas indocumentadas.

A Lori la entusiasmó la idea de tener material fresco para su noticiero. El día que fui al estudio a grabar mi segundo clip, caí en cuenta de que tenía que tomar una decisión importante: ¿cómo me iba a presentar? ¿Pronunciaría mi nombre en inglés o en español?

En Nueva York, buena parte de mi vida la había vivido en español, pues estudiaba y leía en español y mis amigos salvadoreños hablaban español. De hecho, hasta las juntas en WKCR y mi propio programa de radio en la estación habían sido en español. Incluso había vuelto a hablar con mis padres en español como una forma de reapropiarme de mi lengua materna.

Tenía claro que la decisión que tomara con respecto a la pronunciación de mi nombre sería para siempre, así que debía representarme de forma genuina. Tenía la opción de pasar desapercibida al esforzarme por encajar o de sobresalir siendo auténtica. Sentada a solas en la cabina de edición, leí el guion varias veces, pronunciando mi nombre en inglés y luego en español.

Pronunciarlo en inglés me resultaba natural porque lo

había hecho toda la vida. Nadie nunca me había dicho: "¡Qué bonito nombre! ¿Por qué no lo pronuncias en español?". La realidad era que lo había adaptado a mi entorno porque no tenía referentes de cómo desafiar esas convenciones.

Es fácil decir tu nombre en inglés. Es fácil para todo el mundo. Nadie se va a quejar, pensaba. Pero yo no solía tomar el camino fácil. Mi otredad siempre me había impulsado a tomar esos riesgos porque de por sí la gente ya me veía como una forastera. ¿Qué podía perder?

Pronuncié mi nombre en español en voz alta y me pareció que sonaba muy revolucionario. Era un gesto sutil, pero también directo. Mi inglés era un reflejo preciso de mi educación universitaria… y luego, ¡PUM!: mi nombre en perfecto español.

Con ese gesto, obligaría a los radioescuchas a repensar las cosas.

Nadie había hecho algo así en radio ni en televisión nacional.

Pensé en el público de la estación, que en su mayoría era gente blanca. Pronunciar mi nombre tal y como debía ser pronunciado era una forma de decirles: *Quizá crean que soy muy distinta a ustedes, pero en realidad soy ustedes.*

Durante las últimas dos semanas de la pasantía, dos de mis clips salieron al aire. En la oficina, la gente empezó a oír hablar de la tímida becaria de Barnard que había logrado grabar clips para el noticiario y cuya voz era tan buena como la de cualquier otro reportero al aire. Y gracias a eso empecé a creer en mí misma.

Crecí dudando de mí misma, ¡pero había logrado esto!

De verdad lo había hecho, aunque por momentos sintiera que estaba soñando. Me puse de pie en la cabina de edición, apague la luz y permití que el hormigueo nervioso me recorriera el cuerpo. Las mariposas no aleteaban en mi estómago, sino en mi pecho. Tuve que abrazarme para contenerme.

Las decisiones que tomamos cuando estamos abriéndonos camino en el mundo, como cuando estás a solas en una cabina de edición del tamaño de un pequeño armario, pueden ser sumamente emocionantes. Lo que hice fue apostar por mí misma, saltar al vacío, aceptar las mariposas, obligarme a subir al escenario… aunque esta vez el escenario fue una agencia de noticias y mi público, el país entero.

Debía tomarme a mí misma en serio. Debía tragarme el miedo y convertirme en la periodista que mi país necesitaba que fuera: una mujer comprometida, inquisitiva, temeraria (bueno, tal vez también un poco temerosa, pero imparable). Mexicana. Migrante. Estadounidense. Mujer. Yo misma.

Cuando lo logré… cuidado, porque nada jamás ha podido detenerme.

Epílogo

El síndrome del impostor es un monstruo que me ha acompañado durante toda mi carrera como periodista. Pero lo aplasté y jamás permití que esa vocecita me asustara lo suficiente como para impedirme hacer lo que debía.

Lo que me impulsó a hacerlo fue la voz inmigrante que desde las profundidades de mi mente me decía que ocupara el espacio que me correspondía.

Quizá te preguntes: ¿hacer qué cosa?

El gesto arriesgado de pronunciar mi nombre en español, de sobresalir y defender mis razones me puso bajo los reflectores de forma positiva. Fui la primera periodista latina en todas las salas de prensa en las que trabajé. Mi primer trabajo de tiempo completo en el medio periodístico fue como asistente de producción en NPR. También trabajé para CBS News y para la estación de radio universitaria WNYC. Y mi trabajo de ensueño era ser la primera corresponsal latina en NPR. Cuando supe que eso era lo que quería, lo dije en voz alta. Cinco años después, logré hacerlo realidad.

Durante mi primer año como periodista descubrí que, si bien no era blanca ni pudiente, sí tenía privilegios. Si era la primera latina en llegar allí, al espacio que fuera, tenía la responsabilidad de poner en alto el nombre de mi comunidad, que es las personas no blancas y las comunidades minorizadas. Tenía que sobreponerme al miedo y la incomodidad porque le debía a mi gente llevar sus historias a esa sala de prensa caucásica y dirigida por hombres a la que había logrado entrar.

En 1985 me contrataron como reportera especial de NPR para cubrir los temas latinos, en parte gracias a la presión política ejercida por activistas mediáticos como María Emilia Martín. Ella fue la productora ejecutiva fundadora de un programa llamado *Latino USA* y me cambió la vida cuando me invitó a ser presentadora. Hoy en día sigo siendo presentadora de *Latino USA*, pero también soy su productora ejecutiva. Cuando recién salió al aire, las críticas omnipresentes decían que no duraría más de tres o cinco años. Pero en 2023 cumpliremos tres décadas.

Si el que ríe al último ríe mejor, ¿quién creen que será el último en reír?

A partir del trabajo en NPR, me contrataron como la primera corresponsal latina de CNN y luego de PBS. En el camino me casé con un increíble artista afrotaíno con quien tuve dos hijos, pero no todo fue color de rosa. Tras bambalinas, mi ego tuvo que crecer tanto para sobrevivir las batallas mediáticas que casi pierdo a mi familia. Es difícil ser periodista y también mujer latina e inmigrante, pero nunca debí llevar esas luchas a mi propio hogar. Con el tiempo, tuve que aprender que no podía ser la productora de mi propia familia. Como alguna vez dijo mi hija: "No quiero tener a María Hinojosa aquí. Quiero a mi mamá".

¿Recuerdas un refrán que dice, "No hay mal que por bien no venga"? En 2010, después de dedicar más de dos décadas al periodismo, de pronto pareció que me quedaría sin trabajo. Estaba desesperada, pero también sentía que no tenía nada que perder, así que contacté a la producción de *60 Minutes*, quienes accedieron a entrevistarme. Fue algo muy emocionante hasta que el productor me invitó un café para preguntarme si estaría dispuesta a esperar a que uno de los viejos caucásicos del equipo se enfermara o muriera para que me ofrecieran trabajar con ellos. No supe si era una broma o un insulto o las dos cosas. Después de aquella reunión, me subí al metro y lloré durante todo el camino a casa, en pleno corazón de Harlem.

En ese momento decidí fundar mi propia empresa. Nunca había hecho algo así, pero encontré gente que creía en mi misión de usar el periodismo para contar las verdaderas historias de la población latina, de las personas no blancas, de los migrantes y otras comunidades invisibilizadas. Y a esa gente la invité a colaborar conmigo.

En 2010 fundé Futuro Media, una organización mediática sin fines de lucro. Mucha gente lo consideró arriesgado y no creyó que sobreviviría más de cinco años. Futuro es el reflejo de la sala de medios en la que siempre quise trabajar, en la que nuestras voces (y no las de los hombres blancos heterosexuales) ocupan el lugar protagónico, en la que nadie tiene por qué sentirse como un impostor.

Ahora entiendo que soy una especie de descendiente espiritual de Frederick Douglass, un hombre que nació siendo esclavo pero luego fue libre. No solo escribió sobre sus propias experiencias, sino que fundó *The North Star*, el primer periódico negro del país. Considero que estoy enalteciendo el legado de Jovita Idar e Ida B. Wells, de Ed Bradley y de Rubén Salazar, quienes fueron periodistas influyentes en tiempos turbulentos. Concebirme de esa forma me empodera, pero también es aleccionador.

Muchas veces he sentido que la labor que tengo enfrente me abruma. Y, para ser sincera, con frecuencia me atemoriza. No tengo un manual con todas las respuestas. En momentos así, salgo a caminar y visito el monumento a Frederick Douglass que está a unas cuadras de mi casa para pensar en lo que él debió enfrentar como periodista y abolicionista en este país. O voy a ver la estatua de Harriet Tubman que está a la vuelta de la esquina y recuerdo lo que hizo: caminar ciento cincuenta kilómetros o más para sacar a otros negros del sur esclavista y liberarlos a través del famoso *ferrocarril subterráneo*.

Estoy segura de que al ser estadounidenses conscientes muchas veces sintieron temor. Y eso me reconforta. Ellos sentaron las bases para luchar por el progreso en este país y ganar la batalla, si es que crees en la auténtica democracia. Si quieres que algo cambie, tienes que impulsar el cambio y construir el avión al mismo tiempo que lo piloteas.

Sigo soñando y creando porque eso hacemos quienes amamos este país.

Décadas después de haber llegado a Estados Unidos, cuando mi mamá me contó que casi nos separan los agentes migratorios, entendí a cabalidad por qué siempre me ha apasionado tanto la defensa de los migrantes. No todos los migrantes que se vuelven reporteros cubren temas migratorios o le dan importancia siquiera, pero para mí siempre ha sido esencial. Mi primer reportaje para NPR fue sobre una protesta de migrantes y el tema ha sido central en mi vida profesional. Durante varias décadas he tenido el privilegio de compartir la historia de mucha gente con el mundo entero.

El trauma se arraiga en los huesos. Al igual que las otras semillitas que plantamos en la vida, el trauma echa raíces. Pero no todas son dolorosas y algunas incluso nos permiten encontrar nuestro verdadero propósito cuando florecen.

Espero que este libro te ayude a plantear las preguntas que necesitarás responder a lo largo de tu vida. Quizá tome tiempo, pero conforme vayas cuestionando el mundo que te rodea, anota esas interrogantes. ¿Conoces la historia de cómo llegaste a este país? ¿Viste partes de tu historia reflejadas en la mía? ¿Alimentó tu curiosidad de saber quién eres? Espero que sí. ¿Qué harás para contribuir a que este país se convierta en el lugar que queremos que sea? Ahora es tu turno de encontrar tu voz y tu poder. Para mí, no eres invisible.

Te veo porque una vez fui tú.

AGRADECIMIENTOS

Aunque un libro haya sido escrito por una sola persona, casi siempre hay un equipo implicado en la preparación previa a la publicación, de modo que nunca te sientes sola en el proceso. Mi equipo estuvo liderado por mi extraordinaria agente, Adriana Domínguez, quien plantó la semilla de escribir este libro para jóvenes lectores. Y esa semilla la regó mi editora personal, Katie Gee Salisbury, quien me impulsó a hacer esto que, para ser sincera, me espantaba mucho.

Nuestra semillita encontró dónde florecer gracias a la supervisión gentil de la editora de la edición para jóvenes de *Una vez fui tú*, Kendra Levin. No tendrías este libro en tus manos si no fuera por ella. ¡Gracias, Kendra!

Durante el año que pasé escribiendo este libro perdí a dos primos por COVID, así que Gerardo Peña y Enrique Gómez siempre estarán ligados a él.

Quiero agradecer en especial a mi familia y a las y los colegas que han sido parte de la familia de *Una vez fui tú*. Lili Ruiz es mi inspiración, mi mano derecha y un pilar de esta obra. María Yurema Guadalupe de los Indios Pérez Hinojosa es mi hija querida, mi fuente de alegría y otra parte esencial del equipo. ¡Gracias, m'hijita! Raúl Ariel Jesús de Todos los Santos Pérez Hinojosa es mi hijo y mi otra mano derecha, la que me mantiene en paz y me recuerda que debo respirar. ¡Gracias por todo lo que haces!

Agradezco también a la artista que diseñó la portada, Paola

Escobar, así como a Luna Arce-Rueda, quien me brindó una retroalimentación muy útil tras la lectura de un borrador previo de este libro.

Estoy muy agradecida con todos los que conforman Futuro Media, quienes me dieron el tiempo y el espacio para escribir. Gracias a Peter Platt y a mis colegas del Departamento de Inglés de Barnard por su apoyo, así como a mis estudiantes, que siempre me escuchan y me impulsan con su amor y entusiasmo.

Para mi familia en este lado, en el otro lado y en todos los lados, gracias por el amor. Entre nosotros no puede haber fronteras. El amor debe trascender los muros que otros humanos construyen para separarnos.

Por último, agradezco a mi esposo, Germán Pérez, y a Walter, Safiya y Miko, quienes han estado a mi lado año tras año.